Jean-Paul JACQUEMET

L'ambre
Mystères & Vertus

Depuis la nuit des temps, l'ambre fascine les hommes : découvrez pourquoi

Editions Déliver

2, Imp. Docteur Blanchard
83100 TOULON

L'ambre

Mystères & Vertus

« Tes baisers exhalent un parfum semblable à celui de l'ambre que l'on frotte »

Ovide (43 avant JC – 17 après JC)

Du même auteur :

Les lampes en cristal de sel, vitamines de l'air (Déliver 2001)

Les aimants, clés du bien-être (Déliver 2003)

Le bracelet de cuivre, l'anti-douleur naturel (Déliver 2004)

BIOGRAPHIE DE L'AUTEUR

Né en 1944 à Craponne sur Arzon (Haute Loire) Jean-Paul JACQUEMET poursuit ses études à Toulon puis travaille pendant sept ans dans un grand groupe pharmaceutique français avant de créer sa propre entreprise en 1975 : DELTA LIP.

Pionnier des médecines alternatives, il fonde son activité professionnelle, successivement, sur la métallothérapie, l'aimantothérapie et la lithothérapie.

Il est en particulier à la base de notoriété des bracelets de cuivre en France, mais aussi en Europe où il s'est implanté peu à peu avant d'ouvrir de nouveaux marchés dans le monde entier pour cette thérapie anti-douleur réellement efficace.

Depuis toujours attiré par les deux éléments majeurs de notre mère nature, l'air et l'eau, il pratique en précurseur et avec passion les sports de glisse comme le deltaplane, la planche à voile et le kitesurf qui lui permettent de conserver une forme exemplaire.

Jean-Paul JACQUEMET a entrepris maintenant d'écrire plusieurs ouvrages pour informer le grand public de façon pédagogique sur les méthodes naturelles douces inductrices de bien-être. « L'ambre, Mystère et vertus, est le quatrième de ces livres ».

ISBN : 2-9522472-1-8

2, imp. Docteur Blanchard – 83100 Toulon

Introduction : l'or du Nord

L'ambre est une résine fossile datant de l'ère tertiaire, il y a environ 50 millions d'années pour le gisement majeur, celui des pays baltes.

Il s'agit de la sève exsudée par un conifère, *Pinus succinifera*. Les Romains nommaient d'ailleurs l'ambre *succinum*, la « pierre de sève » et on l'appelle parfois l'ambre *succin* en référence à cette résine.

L'ambre se présente sous forme amorphe, en nodules transparents ou translucides au splendide éclat vitreux. Sa couleur jaune varie du plus pâle au plus foncé (brun), la dominante orangée de couleur miel étant la plus recherchée, qualifiée de *ambrée*.

En tant que résine, l'ambre a la faculté de brûler en présence d'une source de chaleur. Sa lente combustion dégage une agréable odeur qui rappelle le parfum de la résine du pin. Comme celle de l'encens, la combustion de l'ambre a une vertu purificatrice.

L'ambre a une autre particularité : c'est un aimant, dont le flux magnétique est de très faible intensité, certes, mais bien réel. Si nous frottons la surface d'un morceau d'ambre avec un chiffon de laine, il attire ensuite les corps légers : brindilles, plumes, bouts de papier…

Cette propriété magnétique de l'ambre, découverte par Thalès 600 ans avant J.C. a des applications bénéfiques, comparables à celles de la magnétite. Toute personne ayant des rhumatismes peut soulager ses douleurs en portant un collier d'ambre associé à un bracelet.
Autre originalité identitaire de l'ambre : il génère des inclusions remarquables. Quand la résine du pin s'est progressivement pétrifiée, sa consistance collante a *piégé* toutes sortes de substances végétales ou animales. On trouve ainsi dans l'ambre des inclusions de feuilles, de fleurs... mais aussi de mouches ou d'abeilles qui se sont trouvées prises au piège de la résine en cours de fossilisation, et qui sont aujourd'hui restées intactes, après des millions d'années. Cela inspira le romancier américain Michael Crichton dont le roman, *Jurassic Parc*, fut porté au cinéma par Steven Spielberg avec le succès que l'on sait.

Les pins de l'ère tertiaire ayant été ensuite recouverts par les eaux, c'est la mer qui restitue l'ambre fossile de nos jours. Voilà pourquoi les plus beaux gisements d'ambre se retrouvent en bordure de la mer Baltique ou sur les côtes de la République Dominicaine.

L'ambre est associé à l'immortalité, comme en témoigne le breuvage des Dieux grecs, composé d'ambroisie et d'ambre, les deux mots ayant la même racine, *ambrotos*, qui signifie immortel.

On comprend ainsi la *fortune* de l'ambre, depuis la nuit des temps, considéré comme une authentique *panacée* capable de *guérir tous les maux* (au sens propre du terme).

On trouve des statuettes d'ambre dans les pyramides égyptiennes et dans les tombeaux étrusques, phéniciens et chaldéens.
Les Grecs louaient Zeus, leur Dieu suprême, en faisant brûler de l'ambre dans les temples qui lui étaient dédiés. Les gladiateurs Romains, pour ne pas mourir dans l'arène, portaient de l'ambre sur eux, tradition que l'on retrouve au Moyen Age, les Vikings attribuant leur invincibilité à l'ambre qu'ils plaçaient dans leur armure avant le combat.

On comprend le succès de l'ambre au regard de telles pratiques. Un collier d'ambre protège contre le *mauvais œil*, contre les dangers, contre les maladies. L'ambre apporte la sécurité, la longévité, la santé.

La haute énergie vibratoire de l'ambre purifie l'organisme, le régénère, le revitalise, le stimule, redonnant des forces vives aux personnes les plus fatiguées, physiquement et mentalement.

Sur le plan sexuel, l'ambre, réputé aphrodisiaque, stimule la vigueur de l'homme et la libido de la femme qui peuvent consolider l'harmonie de leur couple en portant collier et bracelet, car l'ambre est destiné indifféremment aux femmes et aux hommes... sans oublier les enfants.

En effet, et depuis toujours, l'ambre a la réputation de faire du bien aux enfants à toutes les étapes de leur croissance. Ainsi, la tradition populaire conseille aux mamans de mettre un collier d'ambre à leur bébé pour soulager les douleurs dentaires, ainsi qu'aux enfants nerveux, agités, qui ont le sommeil troublé, et aux adolescents *mal dans leur peau*, angoissés, déprimés, anorexiques ou boulimiques.

Le feng shui nous enseigne que l'on peut accroître la protection individuelle que confère l'ambre (en portant sur soi un collier et un bracelet) en disposant sur certains meubles des arbres confectionnés avec de l'ambre, qui dispersent dans leur environnement un pouvoir protecteur pour toute la maison.

Et pour clore cette introduction qui, je l'espère, vous donne maintenant envie de lire ce livre, voici une citation évocatrice concernant cet arbre surnommé « l'or du Nord ». Elle est de Denys l'Aréopagite qui fut le premier évêque d'Athènes, au 1er siècle après J.C. :

« L'ambre est d'essence céleste, symbole de pureté incorruptible, inépuisable, indéfectible et intangible ».

Post-scriptum : l'*autre* ambre. Une substance, d'origine très différente, est appelée *ambre gris*. C'est une concrétion se formant dans les intestins du cachalot (comparable à un « calcul » biliaire). Cet ambre gris, très odoriférant, est exclusivement destiné à la fabrication de parfums, souvent associé au musc, autre substance aromatique d'origine animale, sécrété par certains cervidés mâles.

Identité

Nom : ambre

Autres dénominations : ambre jaune, succin, succinite

Classe : minéraux organiques

Nature : résine fossile

Age : ère tertiaire

Arbre principal d'où exsuda la résine : *Pinus succinifera*

Composition chimique : Carbone, Hydrogène, Oxygène, Acide succinique

Formule chimique : C10H16O

Système cristallin : amorphe

Aspect : nodules ou masses

Transparence : translucide

Clivage : absence

Dispersion : absence

Cassure : conchoïdale

Densité (poids spécifique) : entre 1,05 et 1,10

Dureté : entre 2 et 2,5

Indice de réfraction : 1,54

Couleurs principales : orangé, dite *ambrée*, jaune, brun

Couleurs secondaires : du blanc laiteux au rouge, bleu, vert, noir

Eclat : résineux

Fluorescence : blanc-bleuté à vert-jaune

Piézo-électricité : s'électrise par frottement, produit des ions négatifs

Magnétisme : par frottement, attire les objets légers

Inclusions végétales (dans la résine) :

- Pollen
- Brindilles
- Feuilles
- Fleurs
- Herbes
- Aiguilles de pin
- Morceaux d'écorce…

Inclusions animales (dans la résine) :

\- Invertébrés

- Fourmis
- Abeilles
- Guêpes
- Mouches
- Moustiques
- Araignées
- Pucerons
- Punaises
- Mille-pattes…

- Vertébrés
  - Plumes d'oiseaux
  - Poils de mammifères
  - Ecailles de reptiles
  - Lézards...

Origine :

- Littoral de la Mer Baltique
  - Pologne (région de Gdansk)
  - Allemagne (Nord-Est : région de Rostock)
  - Russie (région de Kaliningrad)
  - Lituanie (région de Klaipeda)
  - Lettonie (région de Leipaja)

- Autres origines
  - République Dominicaine
  - Birmanie
  - Roumanie
  - Sicile
  - Espagne
  - Liban
  - Madagascar
  - Mexique
  - Canada
  - Alaska
  - Nouvelle Zélande
  - Chine
  - Japon
  - France (Oise, Charente maritime, Landes)

Qualités :

- Ambre de la Baltique (*Baltic Amber*) : la meilleure qualité
- Ambre dominicain (celui ayant inspiré *Jurassic Park*)
- Ambre birman (Burmite)
- Ambre roumain (Roumanite)
- Ambre sicilien (Simétite)

Falsifications (copies d'ambre) :

- Copal
- Ambrite
- Rétinite
- Gédanite
- Beckérite
- Glessite
- Stantinite
- Ecaille
- Galatite
- Bakélite
- Celluloïd
- Caséine
- Verre teinté
- Résines synthétiques
- Ambre pressé
- Ambre fondu (agglomération à chaud de chutes de façonnage)

« Livre des records » :

- Extraction minière : Bornéo, bloc d'ambre de 68 kilos
- Récolte maritime : Baltique, bloc de 9,5 kg (Musée de Berlin)

Travail de l'ambre : l'ambre se tourne, se lime, se taille, se polit

Utilisations : toutes celles des pierres dites *semi-précieuses*

Origine du mot : arabe (*al anbar*)

Noces d'ambre : 34 ans de mariage

Signes astrologiques de prédilection : gémeaux, lion, vierge

Elément : feu

Planète : soleil

Jour : dimanche

Chakras : troisième (plexus solaire) et cinquième (gorge)

Lithothérapie :

- Purification & Dépuration générale de l'organisme
- Drainage par stimulation des émonctoires

- Régulation de la circulation de l'énergie dans le corps
- Apaisement des tensions & amélioration du sommeil
- Stimulation de la mémoire
- Stimulation de l'immunité
- Réduction des inflammations
- Apaisement des douleurs
- Aide à l'amincissement par drainage des déchets et toxines
- Stimulation de la vigueur sexuelle masculine

Pierre de complément : le cristal de roche

Purification : essuyage doux à la peau de chamois

Chargement : filet d'eau courante

Attention :
ceci n'est pas de l'ambre !

Dans le chapitre « Identité de l'ambre » j'ai énuméré les contrefaçons, ces matières qui ressemblent à l'ambre mais qui n'en sont pas.

Pour mémoire : Ambrite, Rétinite, Gédanite, Beckérite, Glessite, Stantinite, Ecaille, Galatite, Bakélite, Celluloïd, Caséine, Verre teinté, Résines synthétiques, Copal, Ambre pressé, Ambre fondu.

Les deux derniers substituts d'ambre de cette énumération ne sont pas à proprement parler des contrefaçons, puisqu'il s'agit bien d'ambre (à l'inverse des autres produits cités) mais ce n'est pas un ambre naturel, je veux dire un bloc d'ambre façonné et poli pour en faire, par exemple, les perles d'un collier.

On comprendra facilement qu'un collier fabriqué avec des morceaux d'ambre naturel ayant été travaillés par un joaillier aura infiniment plus de valeur qu'un collier fabriqué avec de la poussière d'ambre et des déchets de taille chauffés à 250°, pressés et coulés dans des moules pour avoir une forme sphérique permettant de réaliser un collier.

Méfiez-vous des contrefaçons. Choisissez toujours un ambre certifié, garanti par un label précisant son authenticité.

Au Mexique, par exemple, certains marchands peu scrupuleux vendent sous le nom d'*ambre dominicain* de l'ambre reconstitué, chauffé, grillé, pressé... et ils poussent la *plaisanterie* (si l'on peut dire) en incluant dans les objets d'ambre qu'ils proposent des insectes qui n'ont absolument pas vécu à l'ère tertiaire mais bien... à notre époque.

La supercherie est facile à révéler pour les entomologistes, mais pour le commun des mortels (comme vous et moi) qui ne sait pas différencier une abeille de l'ère tertiaire et une abeille contemporaine, la tromperie est totale. On fait passer une inclusion d'insecte actuel pour un fossile ayant 60 millions d'années dont la valeur ajoutée est non fondée.

C'est parce que l'ambre est une pierre « semi-précieuse » de valeur que certaines personnes malhonnêtes profitent de la crédulité des gens pour vendre cher une marchandise de faible valeur marchande (par parenthèse, les quatre pierres dites « précieuses » sont le diamant, le rubis, l'émeraude et le saphir, toutes les autres pierres utilisées en joaillerie étant appelées, elles, « semi-précieuses », dont l'ambre).

L'antépénultième nom de l'énumération précédente mérite une attention particulière. Il s'agit du copal.

On trouve sur le marché de l'ambre des produits qui ne sont pas une résine fossile ayant plusieurs dizaines de millions d'années comme l'ambre de la Baltique, de la République Dominicaine ou de Birmanie.

Sous le nom d'*ambre jeune* il s'agit en vérité de copal. Pour simplifier, disons que le copal est une résine qui ressemble à l'ambre mais qui n'est pas aussi ancienne que l'ambre, ayant seulement quelques dizaines ou centaines de milliers d'années, ce qui n'a rien à voir avec l'ambre *vrai*.

Il existe trois principaux pays producteurs de copal : Congo, Tanzanie et Madagascar.

Le copal abonde sur la côte occidentale de l'Afrique, plus communément appelé « Copal-Congo » car c'est dans ce pays qu'il se trouve en abondance. Le « Copal-Congo » ne s'est pas formé à partir de l'arbre ayant proliféré à l'ère tertiaire (produisant l'ambre de la Baltique) mais à partir d'une légumineuse, *Césalpiniacée copaifera*.

Le « Copal-Congo » est une appellation, sa récolte, son commerce et sa transformation en objets et bijoux étant florissants car la production est abondante dans les forêts marécageuses du centre du Congo, ce qui est une source de devises relativement importante pour ce pays.

Il y a aussi du copal sur la côte africaine orientale, en Tanzanie. Il est récolté sur des arbres, *Trachylobium verucassum*. On l'exporte surtout vers l'Inde et la Chine qui en font non pas des objets ou des bijoux, car il est très fragile et ne se travaille pas facilement, mais qui l'incorporent à des vernis, ce qui donne de la valeur à ceux-ci.

On trouve malgré tout sur le marché des bijoux sous l'appellation « Ambre de Tanzanie » mais attention, c'est du copal, pas de l'ambre.

L'île de Madagascar produit en très grande quantité (plusieurs tonnes par an) un succédané d'ambre qui est en fait du copal issu d'un arbre, *Hymenaea verracosa*. L'exploitation et le commerce de ce copal malgache sont entre les mains de Chinois qui en font un vernis réputé.

Enfin, pour clore ce chapitre, il convient d'évoquer ce que l'on appelle le « Copal Kauri » ou encore « La gomme de Kauri » et même « L'ambre de Nouvelle Zélande ». Il ne s'agit pas à proprement parler d'ambre puisque cette résine n'a que 100 000 à 300 000 ans (et non plusieurs dizaines de millions d'années comme l'*ambre véritable*).

Cette gomme de Kauri provient d'un résineux, l'*Agathis australis*. Sur place, les Maoris s'en servent pour s'éclairer et se chauffer ! Ils en font également de la cire à cacheter et l'incorporent au chewing-gum !

Les plus gros blocs sont sculptés par les artistes locaux qui en font donc des œuvres d'art. Mais l'essentiel de la production est exporté en Europe où l'on s'en sert pour fabriquer des vernis de haute qualité (cette matière leur donne une couleur magnifique).

Pour résumer ce chapitre, disons qu'il faut être vigilant lors de l'acquisition d'un collier d'ambre, d'un bracelet ou autre bijou, mais aussi d'un objet en ambre, un arbre *feng shui*…

Les maisons sérieuses garantissent leurs produits.

L'origine de l'ambre selon la mythologie grecque

Selon la mythologie grecque, Hélios, le dieu du soleil, conduisait chaque jour de l'Est vers l'Ouest le char céleste chargé de l'astre lumineux. Du levant au couchant, le soleil effectuait ainsi sa trajectoire quotidienne.

La femme d'Hélios, l'océanide Clymène, enfanta un garçon nommé Phaéton et plusieurs filles désignées sous le nom d'Héliades (Phœbé, Phaétuse, Mérope, Lampétie, Hélie, Astris, Dioxippe, Eglé, Ethérie).

Le jeune Phaéton ne rêvait que d'une chose : conduire dans le ciel le char de son père Hélios. *Mille fois* il demanda la permission à son père, *mille fois* celui-ci refusa. Impétueux, épris de vitesse, Phaéton faisait fréquemment des voyages galactiques sur son propre char, épatant les jeunes déesses éprises de sa virtuosité.

De guerre lasse, un matin, avant l'aurore, Hélios accorda finalement à son fils cette permission tant attendue. Fou de joie, Phaéton bondit alors sur le char et fila haut dans le ciel à une vitesse vertigineuse.

Mais très vite, les chevaux qui tiraient le char sentirent l'inexpérience du jeune conducteur, son manque d'assurance, sa nervosité excessive.

Le char échappa au contrôle de Phaéton, fit une embardée, se rapprocha trop près de la terre, menaçant l'humanité d'embrasement.

Sous les yeux de l'Olympe effrayé par la menace incendiaire, et devant l'imminence du danger, Hélios décida alors de sacrifier son fils.

Il précipita le char à la dérive dans le fleuve Eridan.

Les Héliades, qui adoraient leur frère, pleurèrent en abondance, inconsolables de la perte de Phaéton.

Pour apaiser leur chagrin, leur père décida de les transformer en peupliers bordant l'Eridan, de façon qu'elles restent à tout jamais près de leur frère, sur les rives du fleuve.

Cela ne calma pas le chagrin des Héliades. De l'écorce des peupliers, les larmes continuèrent à couler, tombant goutte à goutte dans l'eau.

Ainsi naquit l'ambre.

Dans la mythologie grecque, ce sont les larmes des Héliades.

L'origine de l'ambre selon la légende dans les pays nordiques

Dans tous les pays du Nord de l'Europe, l'origine de l'ambre est également associée à des larmes, tombant cette fois dans la mer, larmes de la déesse Freyia pleurant son époux Odin (encore appelé Od, Odr ou Odur). Or il faut dire que Freyia est une femme extraordinaire.

En effet, pour les populations nordiques, Freyia est d'une beauté rare, à la longue chevelure dorée, aux yeux bleus, la plus belle de toutes les déesses, la plus adorée. Il est vrai qu'elle ne laisse pas insensible.

Fille de Njord (dieu de la mer) et de Skadi (déesse de la montagne), Freyia est tout à la fois la déesse de l'amour, de la fertilité, des naissances, des récoltes, du printemps, des fleurs…

Freyia est priée par les amoureux. Son nom est attaché à la sensualité, à l'érotisme même. Sa vie est pleine de mystères, de passions.

Elle porte un habit de plumes d'oiseaux de proie, éperviers, faucons, des gants de peau de félins, un collier protecteur nommé Brisingamen.

Elle se déplace dans un chariot tiré par deux chats, accompagnée d'un sanglier nommé Hildesvini. Quand elle se promène, des graines tombent de sa chevelure, d'où naissent des fleurs.

Elle vit dans le magnifique palais de Folkvang dans lequel résonnent en permanence des chansons d'amour. Elle y recueille les soldats blessés au combat, console, guérit.

Elle a le pouvoir de prédire l'avenir, de redonner l'amour perdu.

Cette déesse tant vénérée par les Nordiques est pourtant vulnérable, fragile, pleurant toutes les larmes de son corps dès que son époux Odin la quitte pour aller à la guerre.

Ce sont les larmes de Freyia qui se transforment en ambre en tombant dans la mer.

Et quand Odin mourra, on imagine la quantité de larmes… la quantité d'ambre !

Une bien jolie légende, n'est-ce pas ?

Le fabuleux voyage de Pythéas à la recherche du Pays de l'ambre

Le voyage entrepris par le navigateur Pythéas en 330 avant J.C. est l'épopée maritime la plus étonnante de l'Antiquité. Or ce voyage n'avait qu'un but : découvrir le « Pays de l'ambre » qui faisait rêver.

Pythéas est né à Massalia (à l'emplacement de la ville actuelle de Marseille) en 380 avant J.C. d'un père navigateur aisé, propriétaire d'un navire marchand faisant du négoce dans tout le bassin méditerranéen.

Très tôt, Pythéas accompagna son père sur la Méditerranée jusqu'à Phocée (en Asie mineure), Milet (la patrie de Thalès) et Samos (la patrie de Pythagore) ce qui éveilla en lui précocement l'étude de l'astronomie et des mathématiques.

La ville de Massalia était alors un port prospère, rivale de Carthage. Elle était dirigée de façon aristocratique par les Archontes, véritable oligarchie marchande. Le commerce des massaliotes était limité à la mer Méditerranée, car ce sont les Carthaginois qui « tenaient » les célèbres Colonnes d'Héraclès, c'est-à-dire le détroit de Gibraltar permettant de communiquer avec l'Atlantique.

Or les massaliotes n'aspiraient qu'à une seule chose : s'affranchir de cette tutelle carthaginoise de façon à pouvoir aller chercher directement par la voie maritime les deux marchandises les plus précieuses dont il était fait commerce à cette époque, l'étain de Cornouaille et l'ambre de la Baltique.

L'étain et l'ambre arrivaient alors jusqu'en Méditerranée uniquement par voies terrestres (nous évoquons par ailleurs dans un chapitre la célèbre « Route de l'Ambre »).

Les Archontes de Massalia financèrent la construction du navire de Pythéas, une pentécontore (bateau tout à la fois solide et rapide capable de s'aventurer en haute mer) qui fut baptisée « L'Artémis à la flèche »).

En 330 avant J.C. Pythéas, âgé de 50 ans, quitte le Lacydon (port antique de Massalia) avec cette mission périlleuse : ouvrir une route maritime pour acheminer directement l'étain et l'ambre jusqu'à Massalia (court-circuitant la voie terrestre) et faire la fortune de cette ville, ce qui lui permettrait de détrôner la plantureuse Carthage.

La pentécontore de Pythéas a une quille de chêne, un éperon de bronze et elle peut naviguer à la rame ou à la voile. On disait alors *mille* choses des périls de la navigation dans les mers du Nord : vent violent, brume, glace... et on comprend que Pythéas se soit attaché à faire construire un navire adéquat.

Après 12 jours de navigation, Pythéas arrive devant les Colonnes d'Héraclès bloquées par les Carthaginois. Il trompe la vigilance de ceux-ci en franchissant de nuit le détroit de Gibraltar.

La voie est libre pour remonter vers le Nord !

Il remonte la côte Atlantique jusqu'au cap Kalbion (la Pointe du Raz) en notant les nombreuses îles qu'il croise, la plus impressionnante, pour lui, étant celle d'Occimor (Ouessant) à cause des courants dangereux.

Il fait alors route vers la Cornouailles et atteint les îles Cassitérides (vraisemblablement les îles de Scilly et de Wight) puis il effectue une escale dans une région qu'il baptise l'île d'Albion à cause de la couleur blanche des falaises de craie (*albus* signifie blanc).

Pythéas est arrivé au Pays des Pictes, dont les habitants, passant pour des *sauvages* barbares aux yeux des Méditerranéens, sont appelés Britannis, mot dérivé du celte *brith* qui veut dire bariolé.

En effet, vivant torse nu, ils se peignent le corps (c'est la raison pour laquelle on dit Pays des Pictes, le mot *pictis* signifiant peint en latin).

Pythéas note que ces gens ne sont pas du tout les *sauvages* que l'on imaginait mais des gens simples, sans ruse ni méchanceté. La seule chose qui étonne le navigateur c'est que les hommes portent des bracelets de bronze et boivent non pas du vin mais... « une boisson fermentée à base d'orge » (la cervoise, ancêtre de la bière).

Pythéas reprend alors sa route plein Nord et six jours après avoir doublé les îles Shetland il aborde une grande île inconnue ayant la forme d'un triangle dont il nomme les trois sommets Belerium, Kantium et Orca. Il estime qu'il a parcouru 1 700 km depuis son départ de Massalia.

Il se trouve en vérité en Islande, qui est située à 1 800 km de Massalia : c'est dire qu'il ne s'est pas trompé de beaucoup dans l'estimation de la distance parcourue !

Pythéas baptisa cette île Thulé du nom donné à cette *île mystérieuse* citée par l'historien grec Hérodote, « une île de glace, dans le grand Nord, où vivent des hommes transparents, le bout du monde où le soleil disparaît pendant six mois et où les nuits, l'été, sont éclairées ».

Le mot Thulé est une contraction des mots grecs *tholos* (brouillard) et *tele* (loin). Les anciens en rêvaient, Pythéas y est arrivé.

Ce n'est pourtant pas le but du voyage de Pythéas. Celui-ci a une obsession : arriver jusqu'au Pays de l'ambre. Il poursuit donc sa route.

En franchissant le 65e parallèle, les conditions de navigation deviennent très difficiles. Pythéas note : « Il n'y a plus de terre ni de mer, ni même d'air, tout se mélange, une combinaison des éléments qui sont en suspension, ce n'est pas de la glace, ce n'est pas de l'eau, on ne peut pas marcher dessus ».

Il double les îles de la Frise, longe la côte occidentale du Slesvig et aborde une île immense, qu'il nomme Héligoland, où les habitants lui parlent de l'ambre, cet « or » divin que les Grecs vénèrent, ambre magique dont la recherche est le but du voyage de Pythéas.

Poursuivant sa route vers l'ambre, le navigateur met le cap sur la Norvège, atteignant le Pays des Bergues « là où les montagnes tombent à pic dans la mer, où les sapins et les vagues se mélangent ».

Dans un village de pêcheurs, Pythéas rencontre un homme « au teint clair et à la barbe blonde » qui lui propose de le conduire vers le Pays de l'ambre proche, qu'il appelle *Aba-Alo*.

Guidé par cet homme, voilà enfin Pythéas au terme de son voyage, plusieurs îles, îlots et bras de mer dont les habitants n'ont qu'une activité : la récolte de l'ambre, et son commerce.

Nous sommes au cœur de la Baltique. Pythéas a réussi sa mission.

Victoire.

De retour à Massalia, Pythéas écrira deux ouvrages « Sur l'océan » et « Description de la Terre » où il consigna ses notes de voyage, certes, mais aussi d'étonnantes observations sur l'astronomie, les marées, les mathématiques, la géographie, le climat...

Il mesura avec une exactitude stupéfiante (avec les moyens dont on disposait alors) la latitude de Massalia qu'il énonça à 43° 16 minutes et 15 secondes (en vérité c'est presque ça 43° 17 minutes et 56 secondes).

Commercialement parlant, le voyage de Pythéas à la découverte du Pays de l'ambre ne servit pas à grand chose : l'ambre continuera pendant des siècles à être acheminé par voie terrestre (la Route de l'Ambre).

En effet, les Carthaginois voyaient d'un mauvais œil cette ouverture des massaliotes vers l'océan Atlantique, la mer du Nord et la Baltique.

De plus, les conditions de navigation étaient si précaires dans les mers septentrionales, et les dangers si grands pour les navigateurs, que la voie terrestre était la plus sûre.

Mais le voyage de Pythéas nous fait rêver depuis plus de 2 000 ans !

Et cette aventure contribue à la légende de l'ambre.

L'ambre de Jurassic Park

Depuis une vingtaine d'années, un nouveau genre littéraire fait fureur aux Etats-Unis, les ouvrages étant publiés à des millions d'exemplaires, traduits en de multiples langues, vendus dans le monde entier.

Ces livres nommés *blockbuster novels* sont des romans alliant la science-fiction et la science réelle. Conçus tels des thrillers à partir de faits scientifiques et d'événements historiques, ces *blockbuster novels* doivent leur succès planétaire au fait qu'ils tiennent le lecteur en haleine dès les premières pages et qu'il y a une part de crédibilité dans le texte, habilement mêlée au contexte fantastique.

Les deux auteurs « culte » de ce genre littéraire sont John Grisham et Michael Crichton. Celui-ci publia en 1991 un livre qui allait connaître un succès considérable sous le nom de « Jurassic Park ».

Immédiatement, le réalisateur Steven Spielberg acheta les droits de cet ouvrage, pressentant une adaptation cinématographique possible, ambitieuse, spectaculaire.

A la demande de Steven Spielberg, c'est Michael Crichton lui-même qui écrira le scénario du film, aidé de David Koepp. Le film sera tourné dès 1992 (soit à peine un an après la sortie du livre, un record dans le genre) et il sortira sur les écrans en 1993 (en France, le 20 octobre).

La sortie de Jurassic Park fut un événement cinématographique ; des dizaines de millions de spectateurs, dans le monde, se précipitant pour voir l'extraordinaire adaptation du livre de Crichton par Steven Spielberg.

Nous avons tous en mémoire les dinosaures en images de synthèse gambadant dans le parc d'attraction créé par le milliardaire John Hammond (Richard Attenborough dans le film) dans un lieu isolé du Costa Rica sur les conseils des deux archéologues Alan Grant et Ellie Sattler (rôles tenus par Sam Neill et Laura Dern). Et la musique de John Williams résonne encore à nos oreilles alors que les monstres traversaient l'écran : tyrannosaures, tricératops, brachiosaures et autres vélociraptors, tous plus effrayants les uns que les autres.

La sortie de Jurassic Park fit connaître l'ambre au grand public.

En effet, toute l'intrigue du livre (et du film qui en fut adapté) repose sur une idée astucieuse de Michael Chrichton : pour alimenter le parc d'attraction en dinosaures, on partit du clonage d'animaux ayant vécu il y a 65 millions d'années (à l'ère tertiaire, au Jurassique)... grâce à leur ADN retrouvé dans l'estomac d'un moustique venant juste de piquer un dinosaure avant d'être pris dans la résine d'un arbre qui le fossilisa !

L'accroche de l'affiche du film de Spielberg est évocatrice : « Il a fallu 65 millions d'années pour que cette aventure devienne possible ».

L'alchimie est parfaite entre le réel et le fantastique. Le morceau d'ambre retrouvé par les deux archéologues contenait un trésor, cet ADN de dinosaure dans le tube digestif du moustique.

Comme toujours pour écrire ses ouvrages, Michael Crichton partit de travaux scientifiques, ceux d'un entomologiste américain à l'Université de Californie nommé George Poinar.

En 1980, George Poinar décrivit le résultat de ses recherches portant sur une cellule de mouche conservée dans l'ambre, observée au microscope électronique. L'entomologiste distingua clairement :

- Le noyau cellulaire
- Le réticulum endoplasmique
- Les ribosomes
- Les mitochondries

Il décida de poursuivre ses travaux avec l'aide de son collègue Raul Cano, de San Luis Obispo, en se lançant dans le décodage du génome de cette mouche parfaitement conservée dans l'ambre.

Les deux hommes créèrent même à cet effet un groupe de travail élargi à d'autres scientifiques, nommé « Extinct DNA Study Group » (remarque : en anglais, ADN se dit DNA).

Ce groupe de chercheurs réussit à cloner des fragments d'ADN d'une abeille conservée dans un bloc d'ambre daté de 40 millions d'années.

Parallèlement à ces travaux, une équipe du Muséum d'Histoire Naturelle de New York dirigée par David Grimaldi réussit à identifier de l'ADN de termite dans un morceau d'ambre ayant 30 millions d'années d'âge.

L'émulation entre les deux équipes (californienne et new-yorkaise) poussa les scientifiques à la surenchère. Et Crichton suivait tout cela avec attention, *comptant les points* dans la perspective d'en écrire un livre. C'est dans ce contexte que dans le plus ancien gisement d'ambre insectifère connu à ce jour, au Liban, datant de 120 millions d'années, Poinar et Cano découvrirent deux séquences d'ADN de charançon, animaux ayant par conséquent vécu… il y a 120 millions d'années !

Poinar et Cano publièrent leur découverte dans la prestigieuse revue scientifique *Nature*, cet article ayant un grand retentissement, poussant en particulier Michael Crichton à écrire Jurassic Park.

Du charançon au tricératops… il y a un monde !

Mais cela n'effraya pas Crichton dont l'incontestable et génial talent est justement d'inventer une histoire extraordinaire à partir d'un fait scientifique. Une façon de *broder* bien à lui, de *violoner* pour le plus grand plaisir de ses lecteurs et des spectateurs des films qui sont adaptés de ses livres aux frontières du réel et du fantastique.

L'histoire de Jurassic Park ne s'arrête pas là.

C'est le monde à l'envers : bien que la communauté scientifique internationale unanime dise haut et fort qu'il est absolument impossible de reconstituer des dinosaures par clonage, Poinar et Cano, inspirés par le livre de Crichton et le film de Spielberg, se sont mis en tête de rechercher dans l'ambre de la République Dominicaine (proche du Costa Rica, comme par hasard) des insectes hémophages ayant vécu au temps des dinosaures et qui auraient absorbé (on ne sait jamais) du sang de ces dinosaures avant d'être englués dans la résine, puis fossilisés.

Quand la réalité dépasse la fiction…

Décidément, l'ambre fait fantasmer les hommes.

L'énigme de la chambre d'ambre

Ce fut un authentique trésor qui nécessita 60 ans de travaux par les plus célèbres artisans ambriers du XVIIIe siècle. Tous ceux qui ont eu le privilège de voir cette *merveille* ont témoigné, admiratifs, de sa beauté.

On l'appelle « la chambre d'ambre » car c'est bien de cela qu'il s'agit, non pas un objet en ambre mais une pièce entière, une chambre monumentale dont l'unique matériau de construction fut... l'ambre de la Baltique, cet « or du Nord » infiniment précieux.

Or il se trouve que ce trésor... a disparu pendant la seconde guerre mondiale, ce qui est une énigme incroyable que nous évoquerons longuement à la fin de ce chapitre.

A l'origine, c'est le roi de Prusse, Frédéric Ier, qui imagina la construction prestigieuse de cette chambre d'ambre pour son palais de Berlin (un château, en vérité, mais ne dit-on pas *Château de Versailles* pour évoquer le palais que se fit construire Louis XIV ?).

Les travaux, véritablement pharaoniques, commencèrent en janvier 1701 sous la direction du directeur de l'Académie des Beaux-Arts de Berlin, André Schlüter, lequel, avant d'occuper cette fonction, étudia à l'école des ambriers de Gdansk, la plus célèbre à cette époque en ce domaine du travail de l'ambre. André Schlüter était « Maître ambrier ».

L'idée du roi Frédéric Ier était de recouvrir entièrement les murs de la pièce qui fut choisie dans son palais, la plus grande et la plus haute (les murs faisaient près de 4 mètres de haut), de panneaux d'ambre sculptés, décorés, dotés de moulures elles-mêmes sculptées.

Pour co-diriger les travaux, André Schlüter appela à ses côtés le Maître ambrier de la cour du Danemark, Godefroy Wolfram, qu'il avait connu lors de ses études à Gdansk.

Les travaux initiaux durèrent douze ans, en deux tranches de six ans.

Il fallut confectionner 12 panneaux d'ambre massif, chacun ayant des dimensions considérables : 3 mètres 69 de haut sur 1 mètre 77 de large.

Pendant les six premières années, trois panneaux seulement furent fabriqués, soit deux ans de travail pour fabriquer un panneau, on imagine la difficulté de cette mission.

En janvier 1707, soit six ans après le début des travaux, des intrigues à la cour du roi de Prusse entraînèrent la disgrâce d'André Schlüter et de Godefroy Wolfram. Ils furent remplacés par deux autres Maîtres ambriers de Gdansk, Godefroy Tureau et Ernest Schacht.

Dans les six années qui suivirent, 9 nouveaux panneaux d'ambre furent construits, lorsqu'en janvier 1713, soit douze ans après le début des travaux, le roi Frédéric Ier décéda.

Son successeur, Guillaume Ier, décida de mettre fin aux travaux et pire, ordonna de démonter les douze panneaux d'ambre.

Ce travail de démontage dura 4 ans ! Les panneaux d'ambre furent empaquetés dans 80 caisses de bois, très soigneusement, avec les notices nécessaires au remontage des panneaux, car dans l'esprit des ambriers qui venaient de réaliser ce chef-d'œuvre il était impensable que les panneaux ne soient pas un jour remontés.

Et voici qu'en novembre 1716, le roi de Prusse reçut en son palais de Berlin le tsar Pierre Ier. Comme il était d'usage, on procéda à un échange de cadeaux. Le tsar offrit à Guillaume Ier... 40 hommes, des géants russes mesurant tous 2 mètres ou plus, pour la garde personnelle du roi de Prusse. Et celui-ci offrit au tsar en échange... les 80 caisses contenant les panneaux d'ambre démontés, ainsi qu'un navire pour les transporter jusqu'à Saint-Pétersbourg, le Liburnika. Etrange échange !

A Saint-Pétersbourg, Pierre Ier négligea totalement ces caisses. De son vivant, elles ne furent même jamais ouvertes ! Il est vrai qu'il n'y avait pas d'ambriers capables de faire ce travail à la cour du tsar.

La fille de Pierre Ier, la tsarine Elisabeth, décida de faire transporter les caisses de Saint-Pétersbourg jusqu'à sa résidence d'été située à Tsarskoïe Selo.

Elisabeth ordonna que l'on remonte les panneaux d'ambre dans une salle d'audience plus grande encore que la chambre du roi de Prusse !

Les travaux furent extravagants, tant Elisabeth était capricieuse, sous la direction d'un architecte italien nommé Bartolomeo Francesco Rastrelli, lequel ne se contenta pas de recouvrir les murs d'ambre. Aidé d'un sculpteur de Florence, Guiseppe Zocchi, il rajouta des miroirs, d'autres pierres précieuses, d'autres sculptures, d'autres frises, colossal travail.

La salle d'audience de Tsarskoïe Selo fut inaugurée solennellement par Elisabeth en janvier 1746. Mais la tsarine était perpétuellement insatisfaite. Elle voulait toujours plus grand, toujours plus riche.

On fit venir des miroirs de Venise, des panneaux d'agate de l'Oural, des candélabres d'Autriche, des huisseries en or de Prusse...

Quant à l'ambre seul, on estime que plus de 10 tonnes furent utilisées, soit 10 000 kilos, et de la plus belle qualité possible. Au prix de l'ambre, pour des objets de quelques grammes seulement, on imagine la valeur du trésor que fut cette *chambre d'ambre* (on dit aussi *salon d'ambre*).

Pour en parler, le mieux est de citer intégralement la description qu'en fit dans son journal un officier prussien invité à l'inauguration :

« La chambre d'ambre est une véritable merveille en raison de la valeur de l'ambre mais aussi à cause de la beauté des sculptures, de la légèreté des formes. Les murs sont recouverts de mosaïques d'ambre poli. Les cadres recouverts de reliefs en ambre divisent les murs en panneaux dont le milieu est fait de paysages exécutés en pierres fines. C'est un chef-d'œuvre unique en son genre, d'une richesse fantastique avec des bustes, des figurines, des armoiries, des trophées. La décoration harmonieuse émerveille à la lumière du jour. L'ambre rappelle le marbre, sans cette impression de froid propre au marbre. Par sa beauté, l'ambre dépasse de beaucoup les boiseries les plus précieuses des plus beaux palais d'Europe ».

Des travaux de rénovation furent effectués en 1830 une première fois, en 1911 ensuite, avec des ambriers de Gdansk, pour que la chambre d'ambre conserve son éclat en vieillissant.

Puis arriva la seconde guerre mondiale, et l'invasion de la Russie par les troupes allemandes. Les Russes transportèrent en urgence le mobilier à Novossibirsk, en Sibérie (mobilier d'objets précieux en ambre qui étaient exposés, la chambre d'ambre étant devenue un musée) et ils recouvrirent entièrement les murs de tapisserie tendue pour masquer les panneaux d'ambre aux yeux des Allemands.

Mais Hitler avait ordonné au Maréchal Koch de ramener en Allemagne le fabuleux trésor de Tsarskoïe Selo, ce qui fut fait : les panneaux d'ambre furent démontés et transportés à Königsberg.

La chambre d'ambre fut remontée au musée de Königsberg et on put la visiter à nouveau dès le printemps 1944. Pas pour longtemps, quelques semaines seulement, et c'est la dernière fois qu'on la vit, car depuis cette date, la chambre d'ambre a tout simplement... disparu !

En effet, entre le 30 août et le 2 septembre 1944, l'aviation anglaise bombarda la ville de Königsberg sans relâche pendant quatre jours.

Qu'est devenue la chambre d'ambre ?

C'est une énigme.

Mystère.

L'hypothèse la plus vraisemblable est que la chambre d'ambre a brûlé, pendant les quatre jours de bombardements ininterrompus. La ville de Königsberg fut détruite, et au soir du 2 septembre ce n'était qu'un champ de ruines, y compris le château qui abritait le musée dans lequel on avait remonté le trésor volé aux russes. Or, nous l'avons dit, l'ambre est combustible. Dans cette hypothèse, les panneaux seraient purement et simplement partis en fumée.

Mais il existe une autre hypothèse. Sentant que les choses tournaient mal en Russie, Hitler avait ordonné au début de l'été 1944 au même Maréchal Koch (celui qui les avait apportés) de mettre les panneaux d'ambre à l'abri en Pologne, tel un trésor de guerre infiniment précieux.

Mais où, en Pologne ?

Le Maréchal Koch ayant été empoisonné dans des circonstances mystérieuses en 1945, ainsi que son épouse, où aurait-il caché le trésor ?

Depuis cinquante ans, on cherche, on creuse, on fouille, les grottes, les souterrains, les tunnels, le fond des lacs, des fleuves, de la mer, même, puisque l'une des hypothèses avancée est que les caisses transportant les panneaux de la chambre d'ambre démontée à la hâte se trouvaient sur un bateau allemand, le Wilhelm Gustav, qui fut coulé en janvier 1945 à 19 *miles* au large de Gdansk.

Les radiesthésistes s'en donnent à cœur joie. On a tour à tour localisé la chambre d'ambre dans les souterrains des châteaux de Walim, Lidzbark Warminski, Srebrna Gora, Khodzko, Balda, Lochstädt, Kaimen…

Des travaux gigantesques ont été conduits autour du château de l'Ordre Teutonique de Palesk, toujours en vain. Les habitants de la région sont formels : à l'automne 1944, un convoi de la Wehrmacht transportant de volumineuses caisses en bois s'est arrêté au pied du donjon de Palesk.

Fantasmes…

Il est vraisemblable que la chambre d'ambre a brûlé dans l'enfer (l'incendie) des bombardements.

Une perte inestimable pour le patrimoine mondial.

La route de l'ambre

Aussi loin que remonte l'histoire des civilisations antiques du bassin méditerranéen, 2000 ans avant J.C., la fascination des gens du Sud pour l'ambre venu du Nord est établie. Depuis l'âge de la pierre, dès que les premiers échanges eurent lieu entre les hommes de différentes régions de l'Europe, des pirogues parcouraient les fleuves d'Europe Centrale pour acheminer des chargements d'ambre en Méditerranée.

L'ambre était l'objet de curiosité. Le nom que lui donnaient les Grecs, *electron*, ne trompe pas : en grec, ce mot signifie *chose resplendissante* et le soleil était ainsi appelé, l'ambre et le soleil ayant la même couleur, le même rayonnement aux yeux des anciens.

Les propriétés électromagnétiques de l'ambre, que nous évoquons par ailleurs, contribuaient aussi, sans nul doute, à exciter la curiosité des hommes de l'Antiquité, le mot *electron* ayant également cette racine.

Dans les ateliers de Méditerranée orientale, on se servait de l'ambre pour fabriquer des bijoux (essentiellement, les grecques raffolaient des colliers d'ambre, et des bracelets) des amulettes protectrices, des outils, des bibelots, des objets d'art... sans parler des embouts de narguilé que les Arabes fabriquaient en ambre réputé antiseptique, et on pouvait ainsi faire circuler le narguilé de proche en proche sans danger de contamination.

De plus, on faisait brûler l'ambre pour purifier les maisons, tel l'encens.

Pour ne prendre que l'exemple des Phéniciens, ces *seigneurs* du commerce en Méditerranée orientale allaient chercher l'ambre à l'embouchure du Dniepr sur la Mer Noire et l'acheminaient en Egypte, en Palestine, en Mésopotamie, en Assyrie… échangeant leur précieux chargement d'*or du Nord* contre de la soie, de l'ivoire, du vin, du miel, de l'huile, du sel, de l'encens…

De la même façon que l'on parle de « La route de la soie » qui acheminait cette précieuse matière première textile depuis l'Inde jusque dans les villes d'Alep et de Babylone et de « La route de l'étain » qui faisait venir ce minerai depuis les îles Cassitérides jusque dans les ports méditerranéens, on parle de « La route de l'ambre » pour évoquer le chemin parcouru par l'ambre depuis les rivages de la mer Baltique jusqu'en Mer Noire (à l'époque grecque) ou en Mer Adriatique (à l'époque romaine, plus tard).

Dans la réalité, il n'y eut pas une route de l'ambre mais plusieurs, selon les époques. Chronologiquement, la première route de l'ambre fut celle qui empruntait le fleuve Dniepr, que l'on appelait alors Borysthènes (Hérodote dit que c'était le fleuve le plus riche au monde avec le Nil).

Les Grecs avaient construit un port à l'embouchure du Dniepr sur la Mer Noire, nommé Alector. Ils achetaient l'ambre aux lettons et aux lituaniens (qu'ils nommaient *Galindae* et *Sudeni*). Le voyage durait 6 mois depuis les rivages de la Baltique.

La Volga, conduisant l'ambre jusqu'en Mer Caspienne, fut à un moindre degré une autre voie d'acheminement à cette époque, le reste du voyage se faisant sur des charrettes. C'était plus long encore.

La route de l'ambre qui est restée la plus célèbre dans l'histoire est, dans la chronologie, la plus tardive, à l'époque romaine. Elle reliait Gdansk à Rome en passant par Kalisz, Wroclaw, Opole, Carnuntum, Scarbantia, Szombathely, Poetovio, Emona, Aquilea, Adria, Arriminium (l'actuelle ville de Rimini, sur l'Adriatique).

Les marchands qui acheminaient l'ambre repartaient vers le Nord de l'Europe avec des armes, des objets en cuivre, des faïences...

La ville de Verucchio, tête de pont étrusque sur l'Adriatique, prospéra pendant des siècles grâce au travail de l'ambre sous le contrôle d'une riche aristocratie. Le site de Verruchio (la ville a aujourd'hui disparu, nous n'en connaissons que les vestiges archéologiques, qui sont d'une grande richesse) est sur une colline qui borde le versant méridional de la plaine du Pô, dressé sur un bloc de calcaire émergeant des Apennins.

Dans les centaines de tombes de cette cité villanovienne découvertes par les archéologues l'ambre est omniprésent parmi le mobilier, bijoux, outils, céramique.

Il n'y a aucun doute, l'Ambre fut « roi » dans l'Antiquité.

Le déclin de l'ambre au Moyen Age a une explication logique : avec la chute de l'empire romain et l'avènement du féodalisme, la route de l'ambre fut interrompue par l'insécurité qui s'installa durablement en Europe à la fin de la « Paix Romaine ».

La navigation sur les fleuves devint périlleuse, exposée aux pirates qui n'exerçaient pas seulement leurs méfaits en haute mer mais aussi sur les fleuves.

Quant aux routes terrestres, n'en parlons pas : le risque d'agression était considérable dès lors que l'on transportait de la marchandise de valeur, ce qui était le cas de l'ambre.

La route de l'ambre fut coupée.

On continua à travailler l'ambre sur les bords de la Baltique, principalement autour de Gdansk, les pays méditerranéens se tournant vers d'autres matériaux pour leur artisanat et leur joaillerie.

Les principaux gisements d'ambre dans le monde

Rives de la mer Baltique

L'ambre le plus réputé, en joaillerie et en bijouterie, est l'ambre provenant des rives de la mer Baltique, mondialement connu sous le nom de *Baltic Amber*. Il vient de Lettonie, d'Estonie, de Lituanie, de l'ex-URSS et surtout de Pologne, dans la région de Gdansk, ville que l'on peut considérer, historiquement, comme la « capitale mondiale de l'ambre ».

A l'ère tertiaire, il y a 50 millions d'années, cette région était couverte d'une forêt dense comparable à la forêt de la zone intertropicale actuelle. La luxuriance de la végétation, le climat chaud et humide, furent propices à la croissance de l'arbre producteur de cet exsudat résineux que le temps transformera en ambre, *Pinus succinifera*.

L'ambre polonais, de loin le plus important de cette région balte, est connu sous le nom de *gédanite*. Sa datation varie de 40 à 50 millions d'années. On le trouve principalement dans des mines peu profondes (moins de 40 mètres de profondeur) en couches de parfois plusieurs mètres d'épaisseur faciles à exploiter car se trouvant au sein de roches sédimentaires et alluviales (marnes, argiles, calcaires, graviers).

Cette stratification rend aisée l'exploitation de l'ambre. Par ailleurs, la mer Baltique rejette en quantité sur le rivage de l'ambre provenant de couches situées dans la zone aujourd'hui recouverte par l'eau mais qui ne l'étaient pas à l'ère tertiaire. L'érosion due au mouvement de la mer permet au flux et au reflux des marées de rejeter sur les plages l'ambre des strates sous-marines, mais si cet ambre réjouit les riverains et les collectionneurs, il représente très peu de chose, en quantité, par rapport à l'ambre extrait par tonnes dans les mines baltes.

L'ambre balte est le plus étudié par les scientifiques pour la diversité et la richesse de ses inclusions tant végétales qu'animales. Plusieurs musées magnifiques sont exclusivement consacrés à l'ambre dans cette région.

 # Roumanie

L'ambre de Roumanie, nommé *roumanite*, est plus jeune que l'ambre balte, entre 5 et 25 millions d'années. Il est réputé pour ses couleurs magnifiques, dues à la présence de sulfures qui le colorent dans toutes les nuances de rouge au sein d'une palette allant du jaune au brun.

La roumanite de Valachie, déjà exploitée à l'époque romaine (acheminée jusqu'à Rome par voie fluviale, nous en parlons dans le chapitre « La route de l'ambre ») a toujours été appréciée, hors son utilisation en joaillerie, pour fabriquer des articles destinés aux fumeurs, pipes, porte-cigarettes.

On dénombre plusieurs centaines d'affleurements d'ambre en Roumanie, témoignage des forêts de l'ère tertiaire sous un climat subtropical chaud et humide, comme dans les pays baltes situés plus au Nord.

 # Sicile

L'ambre de Sicile est lui aussi à dominante rouge, comme l'ambre de Roumanie, grâce à la présence importante de sulfures. Il est nommé *simétite* car il affleure dans la région de la rivière Siméto, sur la côte orientale de l'île, près de Catane.

On en trouve de Messine jusqu'à Syracuse. Il est plus récent que l'ambre balte, datant entre 10 et 15 millions d'années.

C'est un ambre d'une grande beauté, sa couleur rouge dominante étant naturellement associée à des teintes vertes et bleues. Une splendeur, renforcée par de sublimes opalescences.

Malheureusement, il faut être extrêmement prudent, sur place, en Sicile, la plupart des échantillons de simétite rouge étant des faux, de l'ambre jaune falsifié par coloration artificielle.

 # Espagne

Un gisement d'ambre extraordinaire (ce qualificatif n'est pas usurpé) a été découvert au pays basque espagnol il y a dix ans, en 1995, dans la région d'Alava. Il est extraordinaire par l'âge de cet ambre datant non pas de l'ère tertiaire mais d'une époque bien plus ancienne, l'ère secondaire, du début du crétacé, il y a 120 millions d'années !

C'est l'ambre le plus ancien jamais découvert après l'ambre libanais (135 millions d'années), avant celui du New jersey (94 millions d'années).

Cet ambre est une curiosité plus qu'autre chose, car inexploitable en joaillerie, étant trop friable. Il est de couleur rouge-brun et contient des inclusions végétales et animales qui passionnent les spécialistes en considération de leur ancienneté et de leur rareté.

C'est en l'honneur de cette découverte exceptionnelle que fut organisé le 1er congrès mondial des inclusions de l'ambre, à l'automne 1998, dans la capitale provinciale du pays basque espagnol, Vitoria (Gasteiz en basque).

 # Liban

Nous venons de l'évoquer, l'ambre du Liban est le plus ancien jamais découvert, datant du crétacé inférieur, il y a 135 millions d'années.

Il provient principalement de la région de Dar al Baidha. Par extension, on trouve des gisements d'ambre dit « du Liban » dans toute cette région en Syrie, en Irak, en Jordanie, en Israël. Son exploitation est très ancienne ; les Phéniciens en faisant déjà commerce dans l'Antiquité.

La résine a été produite par un arbre *Agathis*. Il contient des inclusions d'une grande rareté étant donnée son ancienneté, et cet ambre n'est pas aujourd'hui destiné à autre chose qu'à l'étude par les scientifiques.

 # Birmanie

L'ambre de Birmanie, nommé *burmite*, âgé d'environ 50 millions d'années, est réputé pour sa dureté (qui peut atteindre 3 sur l'échelle de Mohs) et en conséquence sa capacité à être poli, ce qui est précieux en joaillerie.

Par ailleurs, il est de fort belle couleur. Le Musée d'Histoire Naturelle de Londres présente un bloc de burmite phénoménal de 15 kilos, mesurant près de 50 cm de long et 20 cm d'épaisseur, une merveille.

 # USA & Canada

L'ambre du New Jersey évoqué plus haut est lui aussi très ancien, 94 millions d'années, curieusement découvert la même année que l'ambre espagnol d'Alava, en 1995. Son site est pour le moment tenu secret, pour ne pas attirer les collectionneurs, exclusivement réservé à des fins d'études par les spécialistes, cet ambre américain conservant des animaux et des végétaux de l'époque des dinosaures, très rares.

On trouve par ailleurs sur l'ensemble de l'Amérique du Nord des affleurements d'ambre dont l'exploitation n'est pas significative sur le plan commercial, car trop faible, et de qualité impropre à la joaillerie (rien à voir, par conséquent, avec l'ambre balte).

Il convient de signaler le gisement canadien d'ambre nommé *cedarite* car se trouvant sur les berges du lac Cedar, dans le Manitoba, territoire de la rivière saskatchewan.

 # Mexique

L'ambre du Mexique est à signaler avec une attention particulière car il joua un rôle dans l'histoire des civilisations précolombiennes.

Datant d'environ 30 millions d'années, cet ambre est récolté dans les hautes terres des Chiapas, dans la région de San Cristobal. Aujourd'hui encore, de nombreuses mines sont exploitées pour alimenter le commerce local, les artisans mexicains étant experts dans l'art de fabriquer des objets et des bijoux dans cet ambre de qualité, de couleur sombre (pouvant aller jusqu'au noir !).

Les Mayas et les Toltèques utilisaient cet ambre en parure et pour fabriquer du mobilier funéraire. C'est la raison pour laquelle on trouve des objets en ambre dans les tombes de cette époque précolombienne (enfin... dans les rares tombes qui n'ont pas été pillées depuis !).

 # République Dominicaine

Nous avons commencé ce chapitre par l'ambre balte, nous le terminons par l'ambre dominicain car on peut le dire, la République Dominicaine est « l'autre pays de l'ambre », un pays où cette résine fossile, d'un âge compris entre 20 et 30 millions d'années (plus jeune que l'ambre balte) a une particularité : la beauté de ses couleurs.

En effet, à côté de la couleur jaune classique, l'ambre dominicain peut être bleu, ce qui est absolument splendide, ou vert, ce qui ne l'est pas moins. La fluorescence bleu-vert, fréquente, ajoute encore à la beauté de cet ambre parfaitement conservé, ce qui est une autre de ses qualités. Il contient d'innombrables inclusions végétales et animales.

Le problème, car il y en a un, c'est que les falsifications sont légion dans ce pays où les nombreux touristes, attirés du monde entier par l'ambre de *Jurassic Park* (lire le chapitre où il en est question) ont tendance à acheter n'importe quoi, c'est-à-dire, bien souvent, un insecte actuel inclus dans de la matière plastique colorée ! Prudence et méfiance.

Cela n'enlève rien à l'étrange beauté de l'ambre dominicain.

Les gisements français d'Ambre

Dans sa « bible » des sites de minéraux français écrite au début du XXe siècle, A. Lacroix a recensé une trentaine de gisements d'ambre.

Cet inventaire exhaustif a certes un intérêt pour les paléontologues et les entomologistes qui étudient les formes de vie de l'ère tertiaire, et en particulier celles des insectes conservés dans la résine fossile, mais cet ambre français n'a aucun intérêt commercial.

En effet, cet ambre est trop friable et il ne peut pas être travaillé, poli, façonné pour quelque artisanat que ce soit, et encore moins pour la joaillerie ou la bijouterie.

Les affleurements d'ambre de Charente Maritime (près de Rochefort) sont intéressants pour leur ancienneté, le crétacé inférieur, il y a 96 millions d'années. Ils donnent aux nombreux chercheurs de plusieurs disciplines scientifiques de précieuses indications sur les conditions de vie à cette époque de l'ère secondaire très antérieure à l'ambre balte.

Mais encore une fois, cet ambre-là (qui mérite, certes, d'être cité ici pour sa rareté et son ancienneté) n'entre pas dans le contexte des préoccupations présidant à l'écriture de mon ouvrage, la santé, physique et mentale, le bien-être, sans oublier l'ésotérisme.

Le gisement d'ambre découvert ces dernières années, situé au cœur de l'Oise, mérite un développement plus important, non pas qu'il ait un intérêt dans les domaines qui nous intéressent que nous venons d'énoncer, mais parce que les médias français en parlent beaucoup depuis quelque temps, surtout la presse magazine et les revues scientifiques.

Il s'agit de poches d'ambre dans les sédiments du bassin parisien, ambre daté de 53 millions d'années, soit environ dix millions d'années après la disparition des dinosaures. C'est un trésor pour les paléontologues avides de connaître ce qui s'est passé sur la Terre après l'extinction massive d'innombrables espèces végétales et animales, les insectes ayant incontestablement mieux résisté, eux, comme en témoignent les riches inclusions de cet ambre.

Plusieurs milliers de pièces d'ambre récoltées depuis 1996 sur le site de l'Oise (une carrière exploitée par les *Ciments Lafarge* !) sont en cours d'étude pour éclaircir (si l'on peut dire) ce que fut « l'hiver nucléaire » qui entraîna la disparition des dinosaures.

Sans savoir réellement ce qui s'est passé, on évoque la chute d'une météorite géante qui aurait soulevé des nuages de poussière et de gaz.

Cela aurait rendu le ciel opaque à la lumière du soleil pendant plusieurs années, 80% des êtres vivants les plus vulnérables disparaissant alors.

On comprend facilement que les fourmis ou les abeilles aient pu mieux résister que les monstres pesant plusieurs tonnes ne trouvant plus de nourriture pour survivre.

En étudiant les grains de pollen conservés dans cet ambre de l'Oise, mais aussi les graines de plantes, et bien sûr les insectes ayant été faits *prisonniers* lors de l'exsudation de la résine, on peut reconstituer en partie l'écosystème de cette époque, il y a 53 millions d'années.

Le Bassin Parisien actuel était alors recouvert d'une forêt dense, sous un climat tropical chaud et humide tel celui de l'Amazonie actuelle. Les conifères y voisinaient avec les angiospermes (arbres à fleurs).

Cette forêt était bordée au Nord-Est par une mer profonde, et un large fleuve la traversait, le site de l'affleurement de l'ambre de l'Oise étant probablement le delta de ce fleuve important, delta un peu comparable à celui du Mississipi actuel.

Voilà un aperçu de l'ambre français. Il fallait en parler, sans plus, cet ambre-là, encore une fois, n'entrant pas dans le cadre de ce livre.

Une curiosité phénoménale

En République Dominicaine, en février 1995, fut trouvé un morceau d'ambre que l'on peut considérer comme une curiosité phénoménale.

En effet, ce bloc d'ambre est un petit parallélépipède ayant pour dimensions : 32,5 x 21,16 x 9,75 mm. Or, dans ce modeste volume d'ambre on dénombre pas moins de... 88 inclusions de fourmis (bien lire : quatre-vingt-huit) dans un état de conservation parfait !

Ces 88 fourmis de la même famille (*Dolichoderinae*) sont présentes dans ce bloc d'ambre dans tous les stades de leur développement :

- Fourmis adultes (ouvrières)
- Œufs
- Larves
- Pupes

Cette inclusion est exceptionnelle à plus d'un titre :

- Le nombre élevé d'*individus* rassemblés en un si petit espace
- L'extraordinaire pureté de ce morceau d'ambre jaune
- Son incomparable transparence, permettant une étude minutieuse

Cet ambre dominicain a été daté avec précision : il date de l'oligocène, il y a 25 millions d'années. Il a été appelé le *Jorge Caridad* (en abréviation JC, ces initiales étant aussi celles de... Jésus Christ, c'est dire).

Le « JC » est conservé au Musée de la Science de la Fondation Caixa, à Barcelone, en Catalogne, merveilleusement mis en valeur dans une salle d'exposition lui étant entièrement consacrée, avec de multiples et passionnantes explications pédagogiques le concernant.

Ce bloc d'ambre à nul autre semblable par la densité de ses inclusions a été étudié *sous toutes les coutures* selon les techniques d'observation scientifiques les plus avancés :

- Eclairage monochromatique
- Eclairage à lumière polarisée (photoélasticité)

Ces observations ont permis de révéler la structure des couches d'ambre de ce bloc selon les lignes de courant du flot de résine qui a coulé avant de se figer dans son aspect actuel.

Il n'y a aucun doute, ces fourmis ont été surprises par l'exsudation de résine alors qu'elles transportaient leurs sujets immatures (œufs, larves et pupes).

Chaque ouvrière était chargée d'un élément immature, ou presque, puisqu'on dénombre 37 ouvrières pour 88 individus au total.

La « scène » fossilisée par la résine, étant donné la disposition des fourmis, révèle que celles-ci ont agi en toute hâte, pressées par un événement. Lequel ? Que s'est-il réellement passé ?

- Cette scène est-elle celle d'un sauvetage désordonné, alors que la résine menaçait un nid en coulant ?

- Est-on au contraire en présence d'une fuite parfaitement ordonnée pour quitter le nid en bon ordre alors que la résine exsude ?

Ce que l'on peut dire, c'est que nous sommes en présence d'une fourmilière de la forêt tropicale, il y a 25 millions d'années, et que les fourmis ont été vraisemblablement surprises par l'envahissement de leur domaine submergé de résine gluante et poisseuse.

Elles décidèrent de mettre à l'abri au plus vite ce qu'elles avaient de plus précieux pour la pérennité de leur colonie : les œufs, les larves et les pupes. Après l'*alerte générale*, ce fut la retraite.

Si la description de cette scène vous intéresse, je ne saurais trop vous conseiller les deux articles passionnants publiés en France par la revue « La Recherche » sous le titre « Le mystère de la chambre jaune » en juin 1996 (numéro 288) et en mai 1997 (numéro 298).

Ces articles sont co-signés par : Jorge Wagensberg, C.Roberto, F.Brandao et Cesare Baroni Urbani. Dans le 1er article, les auteurs posèrent la question aux scientifiques de différents domaines (biologie, entomologie, éthologie, écologie...) : écrivez-nous pour nous donner votre interprétation de cette scène fossilisée dans l'ambre.

Un an après, dans le 2e article, le résultat de ce « thriller scientifique » fut proclamé.

Le gagnant de ce concours, cela ne nous étonne pas, fut l'entomologiste Eric Geirnaert, l'auteur de ce livre que je vous invite vivement à lire si vous vous passionnez pour les inclusions que l'on trouve dans l'ambre, livre publié aux Editions du Piat en 2002 sous le titre « L'ambre, miel de fortune et mémoire de vie ». Ce livre est une compilation élaborée à partir d'un assortiment de 15 000 pièces d'ambre contenant des insectes que l'auteur, naturaliste curieux, a collecté pendant vingt ans.

Propriétés thérapeutiques de l'ambre

Ce chapitre est une compilation de tout ce que j'ai pu lire, depuis des années, au sujet des multiples propriétés thérapeutiques de l'ambre, telles que celle-ci ont été décrites, depuis l'Antiquité jusqu'à nos jours.

L'ambre favorise les processus d'auto-guérison. Cela signifie que l'ambre stimule les défenses immunitaires, la capacité de l'organisme humain à combattre les infections, microbiennes ou virales.

En cas d'épidémie, par exemple l'hiver, quand la grippe menace, il est donc conseillé de porter de l'ambre.

On retrouve cette propriété immunostimulante et anti-infectieuse dans la tradition consistant à faire brûler de l'ambre dans sa maison pour combattre les microbes et les virus, comme le faisaient les gens au Moyen Age lorsque la peste sévissait (ce fut une des raisons expliquant le succès considérable de l'ambre : on le faisait brûler tel l'encens).

Cette combustion de l'ambre est bénéfique en toutes circonstances où l'infection rode, aussi bien à titre préventif que curatif.

Notre environnement actuel est tellement pollué qu'on comprend facilement l'intérêt de faire ainsi brûler de l'ambre pour purifier l'atmosphère. Au sujet de cette pollution domestique, je vous invite à lire mon ouvrage « Les lampes en cristal de sel, vitamines de l'air » qui vous convaincra, je l'espère, d'équiper votre maison avec de telles lampes. Combustion de l'ambre et ionisation négative de l'air par les lampes en cristal de sel sont deux phénomènes complémentaires.

La purification étant le fondement de l'action thérapeutique de l'ambre, je consacre un chapitre entier à ce sujet-clé de la naturopathie.

L'ambre est conseillé en cas d'infection des voies respiratoires :

- Bronchite
- Asthme
- Emphysème
- Toux

Utilisé en élixir (je prépare un ouvrage sur la lithothérapie où j'évoquerai la fabrication des élixirs à partir des minéraux, cette thérapie se développant grâce au mouvement *New Age* américain qui reprend… des principes énoncés par Hildegarde de Bingen au Moyen Age !) l'ambre est précieux en cas de problèmes bucco-dentaires :

- Gingivites
- Parodontoses
- Glossites
- Stomatites

Pour soigner les affections de la gorge, le port d'un collier d'ambre est vivement conseillé (reportez-vous au chapitre sur les chakras où j'évoque justement le chakra de la gorge).

En conséquence, l'ambre aidera au soulagement des :

- Angines
- Laryngites
- Pharyngites

Et puisque nous en sommes à la sphère buccale, il convient de mettre en avant cet usage ancien et traditionnel du collier d'ambre porté par les très jeunes enfants lors de la percée de leurs dents : l'ambre les soulage, et la percée des dents est moins douloureuse.

On retrouve cette indication de l'ambre depuis 2000 ans dans à peu près toutes les régions d'Europe où l'offre d'un collier d'ambre à un nouveau-né n'a pas d'autre but, le soulager quand ses dents perceront.

D'ailleurs, il y a peu de temps encore, on trouvait des colliers d'ambre réservés à cet usage dans les pharmacies françaises. C'est dire !

Et puisque j'évoque les enfants, je vous invite à lire le chapitre de ce livre que je leur ai consacré, où j'insiste sur l'intérêt de placer un arbre *feng shui* en ambre sur leur table de nuit.

Car c'est là une autre indication majeure de l'ambre, unanimement reconnue par tous les lithothérapeutes, l'ambre :

- Facilite l'endormissement
- Améliore la qualité du sommeil
- Evite les cauchemars
- Permet de se rendormir en cas de réveil précoce

Le port d'un collier d'ambre et la proximité d'un arbre *feng shui* en ambre (posé sur la table de nuit) facilitent ainsi la récupération nocturne de la fatigue accumulée pendant la journée.

Nombre de personnes se lèvent plus fatiguées encore que lorsqu'elles se sont couchées, par la faute d'un sommeil de médiocre qualité. Et bien l'ambre agit à l'inverse en permettant de profiter pleinement de sa nuit.

Dans le même ordre d'idée, l'ambre est actif en cas de :

- Tension nerveuse
- Surmenage
- Stress
- Anxiété
- Angoisse
- Dépression

Cette action de l'ambre sur la fatigue nerveuse est très souvent mise en avant par les naturopathes. L'ambre calme, l'ambre apaise.

Une autre indication importante de l'ambre est fondée sur son rayonnement de nature magnétique, en comparaison avec les aimants, et je consacre également un chapitre entier à ce sujet-clé.

En résumé à ce sujet, l'ambre :

- Soulage les douleurs articulaires
- Apaise l'arthrose
- Réduit l'inflammation des articulations
- Agit dans la traumatologie sportive
  - Entorses
  - Contractures
  - Tendinites

D'ailleurs, à l'instar de ce qui se pratique avec les aimants, certains incorporent de l'ambre au textile servant à fabriquer des genouillères, des épaulières, des coudières... autant d'articles ayant une double vocation, antalgique et anti-inflammatoire.

Selon la théorie des *signatures*, la couleur jaune de l'ambre le rend actif en cas de :

- Paresse hépatique
- Lithiase biliaire
- Tout problème hépato-biliaire en général

Et puisque j'évoque l'appareil digestif, l'ambre est également conseillé en cas de :

- Digestion lente
- Ballonnements
- Reflux gastrique

Sans oublier son action reconnue en cas de :

- Constipation fonctionnelle chronique
- Constipation accidentelle
- Putréfactions intestinales

Venant d'évoquer le foie et les intestins, il est important de souligner combien l'ambre agit pour stimuler les émonctoires et favoriser les fonctions excrétrices du foie, des reins, des intestins, de la peau…

Cela nous conduit à une indication-clé de l'ambre : l'amincissement. Je consacre à ce sujet un chapitre entier tant il est important, à la base du succès actuel aux USA où, influencées par le mouvement *New Age*, les femmes qui veulent maigrir portent un collier d'ambre en complément de leur régime, des nutriments et de leur hygiène de vie.

Et pour terminer ce chapitre, comment ne pas évoquer ce qui a toujours contribué au succès de l'ambre depuis l'antiquité : son action pour stimuler la vigueur masculine, à savoir, *appelons un chat un chat*, son action pour favoriser l'érection.

Depuis des millénaires le bruit circule : l'ambre, « ça marche » pour les hommes. Et vous comprenez de quoi il s'agit…

Je vous invite donc à lire le chapitre sur l'action de l'ambre en cas de dysfonctionnement érectile.

Ambre & ésotérisme

Comme le chapitre précédent sur les propriétés thérapeutiques, ce chapitre sur les vertus ésotériques de l'ambre est une compilation de toutes mes lectures depuis trente ans au sujet de l'ambre.

L'ambre amplifie le pouvoir de méditation.

Il symbolise l'attraction solaire, cosmique.

L'ambre protège, porte-bonheur.

Il équilibre, apaise, harmonise.

Il chasse les mauvais esprits.

L'ambre favorise les vibrations positives.

Il accroît la chance au jeu, la chance en amour.

Il facilite les relations avec les autres.

L'ambre favorise la concrétisation des projets.

Il combat les forces négatives, les envoûtements.

Il induit la joie de vivre.

L'ambre rend clairvoyant, lucide sur les autres, sur soi-même.

Il conduit à la spiritualité.

Il favorise les prises de décision.

L'ambre permet à notre personnalité de se libérer, de s'exprimer.

Il nous débarrasse de nos angoisses, de nos doutes.

Il contribue à guérir nos blessures affectives.

L'ambre apporte une aide précieuse dans le travail de deuil.

Il restaure la vitalité, le goût d'entreprendre.

Il est un facteur de réussite.

L'ambre permet de conserver la jeunesse, la beauté.

Il favorise puissamment l'amour entre l'homme et la femme.

Toutes ces raisons expliquent l'attrait considérable pour les bijoux et objets de culte, depuis plus de 2000 ans :

- Colliers
- Bracelets
- Bagues
- Boucles d'oreille
- Broches
- Barrettes
- Pendentifs
- Talismans

- Chapelets
- Amulettes
- Bouddhas
- Mains porte-bonheur

Je terminerai ce chapitre par une seule évocation, mais qui exprime bien l'ancienneté des croyances attachées à l'ambre : dans l'Odyssée, Pénélope porte un collier d'ambre, par fidélité à son mari éloigné d'elle pendant si longtemps !

L'ambre et le travail sur les chakras

En lithothérapie, le travail sur les chakras est essentiel, et l'ambre a sa place dans cette thérapie qui connaît un engouement croissant.

L'ambre est conseillé pour le troisième chakra (celui du plexus solaire) et le cinquième chakra (celui de la gorge).

Avant d'évoquer l'un et l'autre, rappelons ce que sont les chakras : des centres énergétiques, au nombre de 7, en étroite relation avec une partie bien précise du corps (reliée à certains organes) et un plan de conscience particulier relié au psychisme, à notre vision intérieure.

Les chakras sont en relation avec ce que l'on peut appeler nos *corps subtils*, perceptibles en des endroits de notre organisme très sensibles, innervés plus que d'autres, où convergent les énergies (cosmique et tellurique) selon des canaux qui doivent être grands ouverts.

Tout nœud obstruant ces canaux, physique ou mental, entraîne un mal-être que l'application ponctuelle de pierres (dont l'ambre) peut rendre réversible, source d'un bien-être retrouvé, d'une vitalité nouvelle.

On emploie donc l'ambre sur le 3e et le 5e chakras.

Troisième chakra : le plexus solaire

Ce chakra est parfois appelé *Chakra du nombril* car il est situé deux ou trois centimètres au-dessus du nombril, précisément.

Il nous met en relation avec trois organes : foie, rate, estomac.

Sa couleur dominante est le jaune, son élément le feu.

Le chakra du plexus solaire est au centre du corps, source de chaleur, de force, de lumière, de purification spirituelle.

Le chakra du plexus solaire est en prise directe avec notre corps astral où nos émotions se croisent, sympathies et antipathies. De ce fait, il exerce une action directe sur notre comportement en société.

Le chakra du plexus solaire induit la tolérance dans nos relations avec autrui et nous permet de mieux vivre au sein de notre entourage tant professionnel que familial.

« Travailler » ce 3e chakra permet une meilleure intégration dans la société, la maîtrise de nos réactions, la canalisation de nos comportements, la gestion de nos rapports avec autrui.

Les personnes ayant un 3e chakra surdimensionné sont autoritaires, veulent toujours avoir raison, veulent tout contrôler, dominer, et recherchent l'estime à tout prix.

Elles ont tendance à l'insatisfaction, à l'irritabilité. Elles sont volontiers monomaniaques, manquent d'attention et d'intérêt pour les autres, sont impolies, irrespectueuses, manquent de capacité d'écoute.

A l'inverse, un nœud du 3e chakra (= un blocage énergétique) induit un manque de combativité, une tendance à abandonner facilement face à un obstacle, un manque d'instinct de révolte, la soumission aux autres.

Les personnes bloquées au niveau du 3e chakra manquent de personnalité, ne savent pas s'affirmer, refoulent leurs propres désirs, sont timides, émotives, effacées, manquent d'esprit d'entreprise.

On voit l'intérêt de « débloquer » le nœud énergétique pouvant affecter notre 3e chakra, l'ambre pouvant donc être très utile.

Sur un autre plan, ce travail du 3e chakra laisse entrer la lumière en nous, ce qui éclaire nos idées, nos sentiments, nos émotions.

En lithothérapie, le travail sur le 3e chakra a comme indications :

- Hypercholestérolémie
- Hypertriglycéridémie
- Hyperglycémie (diabète)
- Excès pondéral (voire obésité)
- Cellulite

- Paresse hépatique
- Lithiase biliaire
- Digestion difficile
- Ballonnements
- Somnolence post-prandiale
- Constipation fonctionnelle chronique

En association avec l'ambre, le travail sur le 3e chakra utilisera d'autres pierres jaunes : agate, rutile, andalousite, citrine, grenat, œil-de-tigre, orthose péridot, pyrite, serpentine.

 # Cinquième chakra : la gorge

Ce chakra est également appelé *Centre de la communication*.

Il est situé entre la pomme d'Adam et la fosse jugulaire.

Ses couleurs dominantes sont le bleu pâle, le bleu-vert et l'argent.

Le chakra de la gorge est le siège du langage, de la capacité d'expression, de la faculté de communiquer avec autrui.

Il est le point d'extériorisation de tout ce que nous ressentons, nos désirs, nos émotions, nos questions, nos raisonnements, nos sentiments.

En quelque sorte, le 5e chakra est un peu le *porte-parole* des six autres chakras. Il améliore notre capacité d'écoute et de compréhension, ceci n'étant pas seulement orienté vers l'extérieur (vers les autres) mais vers soi-même.

Le chakra de la gorge révèle nos carences physiques, nos problèmes affectifs, sexuels, intellectuels. Il influe sur notre imagination, notre créativité, notre raisonnement, nos pensées rationnelles mais aussi nos rêves, nos interrogations.

Ce chakra nous sert à capter les informations venues de l'extérieur pour mieux les canaliser, les interpréter.

Autre particularité : le 5e chakra facilite le chant.

Les personnes ayant un 5e chakra surdimensionné ont tendance au bavardage et sont volontiers hypochondriaques.

Elles prennent des poses théâtrales dans les conversations, ont tendance à la mythomanie, à la mégalomanie.

Les personnes bloquées au niveau de ce chakra manifestent le rejet de l'inconnu, un manque de naturel dans les relations avec les autres, un manque de sincérité.

Elles ont volontiers un discours lyrique, voire mystique.

Là encore on comprend à travers cet exemple l'intérêt de travailler le chakra soit dans un sens, soit dans un autre, pour réguler le flux de l'énergie, source d'accomplissement, de régénération.

En lithothérapie, le travail sur le 5e chakra est indiqué en cas de :

- Mauvaise vue (en particulier : cataracte)
- Mauvaise ouïe
- Problèmes bucco-dentaires
- Gingivites, parodontoses, glossite, stomatite
- Affections des cordes vocales
- Laryngites
- Pharyngites
- Angines à répétition

En association avec l'ambre, le travail sur le 5e chakra utilisera des pierres bleu pâle (aigue-marine, cordiérite, fluorine bleue, labradorite, tourmaline), bleu-vert (turquoise, amazonite, apatite, chrysocolle) et argentées (hématite, marcassite, galène).

L'arbre du bonheur

On appelle « arbre du bonheur » un arbre miniaturisé posé sur un socle de pierre dont le tronc et les branches sont en métal doré à l'or fin, arbre portant des feuilles en ambre.

Tout est dit dans l'expression arbre du bonheur, et nous ne sommes pas étonnés de constater que les feuilles de l'arbre sont confectionnées avec cet ambre *porte-bonheur* cher à notre cœur.

L'arbre du bonheur joue un rôle essentiel dans le feng shui.

Il n'est pas inutile de préciser ici ce qu'est le feng shui pour comprendre l'intérêt que nous avons à placer en plusieurs endroits-clés de notre maison de tels arbres, par exemple notre bureau (à côté de notre ordinateur), ou la table de chevet de notre enfant...

Le feng shui est un authentique art de vivre associant deux mots empruntés à notre mère nature : le vent (feng) et l'eau (shui).

Il s'agit d'une pratique chinoise ancienne, occultée depuis la fin de la dernière dynastie, qui renaît aujourd'hui et parvient jusqu'à nous avec l'ouverture de *l'empire du milieu* au monde occidental.

Cette discipline repose sur un ensemble de règles fondées sur les principes, les traditions et les rituels de la philosophie taoïste, laquelle constitue une forme de pensée remarquablement évoluée, une théorie parfaite de l'univers dans lequel l'homme est imbriqué et forme un tout.

La clé du feng shui est le mot harmonie, afin de réaliser l'unité avec tout ce qui nous entoure, dans le respect de lois universelles et de l'ordre établi de la nature.

Le feng shui nous apprend l'importance du *chi*, cette énergie qui doit circuler de façon optimale et bénéfique dans notre espace vital.

Le feng shui nous conduit en conséquence à aménager notre environnement pour améliorer la qualité de notre vie.

Cela concerne tout ce qui peut rendre notre existence plus agréable dans les domaines de la santé, du bien-être, du succès, de la richesse, de l'amour, de l'amitié, des satisfactions morales…

Pratiquer le feng shui conduit à renouer des liens avec la nature, à structurer notre esprit de façon logique tout en développant notre faculté intuitive.

Appliquer au quotidien les *fondamentaux* du feng shui nous libère des influences extérieures néfastes et régénère notre vitalité dans un sentiment de plénitude et de sérénité.

L'arbre feng shui fait partie des « porte-bonheur » traditionnels.

Nous profitons de ce chapitre sur l'arbre du bonheur en ambre pour citer ici quels sont les principaux autres « porte-bonheur » :

Pentagramme d'Agrippa
(Allemagne, XVIe siècle)
L'étoile à 5 branches symbolise l'être humain en entier.
Combat le mauvais œil, protège contre la maladie.

Ancre
(Universel)
Evoque l'espoir, la sécurité.
Garantit la fidélité conjugale, la stabilité du couple.

Bague Atlante
(Egypte ancienne)
Assure la protection contre les sortilèges.
Protège contre les ondes négatives.

Coccinelle
(Universel)
La « bête à bon Dieu » évoque le bonheur, l'amour. Assure la fécondité féminine, la vigueur masculine.

Cœur
(Universel)
Le symbole par excellence de la vie affective. Favorise l'amour et l'amitié.

Croix d'Ankh
(Egypte ancienne)
Permet d'accéder à la vie éternelle, à l'immortalité. Favorise l'élévation spirituelle.

Dent
(Universel)
Porter une dent de tigre, de loup, de requin, d'ours… protège contre les dangers de la vie, les attaques.

Disque de Jade
(Chine)
Développe les pouvoirs paranormaux de l'être humain. Objet possédant un haut pouvoir initiatique.

Djed
(Egypte ancienne)
Symbolise la création, la fécondité, le fluide vital. Assure l'admission de l'âme dans le royaume des morts.

Etoile de David
(Universel)
Cet hexagramme, encore appelé Sceau de Salomon, protège contre les armes, le feu, les dangers.

Fer à cheval
(Universel)
Réputé repousser les esprits malveillants
et protéger contre le mauvais œil. Favorise le gain aux jeux.

Météorite
(Universel)
Protège les maisons contre la foudre et les incendies.
Préserve les enfants des maladies et des cauchemars.

Miroir Pakua
(Chine)
De forme octogonale, il regroupe les huit trigrammes du feng shui. Protège contre les énergies négatives.

Sapèques
(Chine)
Reliées par un ruban rouge,
ces pièces de monnaie attirent l'argent et assurent la prospérité.

Chiffre sept
(Universel)
Symbolise le changement après un cycle, le renouvellement.
Signe de la chance, de la grandeur.

Rouelle
(Celtes)
Réputée protéger contre les maladies.
Favorise le retour d'affection.

Saint-Christophe
(France)
Patron des voyageurs et des marins.
Protège contre les catastrophes, les accidents.

Sceptre de Seth
(Egypte ancienne)
Porte-bonheur par excellence au temps des pharaons.
Favorise le pouvoir, stimule la force physique.

Soleil
(Universel)
Symbolise l'énergie masculine (la lune : féminine).
Apporte fertilité, connaissance, célébrité.

Svastika
(Universel)
Encore appelée « croix gammée »,
elle assure le prolongement de la vie, l'invincibilité.

Tige de papyrus
(Egypte ancienne)
Talisman porté par Toutankhamon, servant en radiesthésie, car réputé favoriser la clairvoyance.

Trèfle à quatre feuilles
(Universel)
Assure tout à la fois l'amour, la santé, la richesse, le bonheur.
Réputé éloigner le mauvais œil.

Triscèle
(Celtes)
Exprime la trinité, les trois forces de la nature (eau, air et feu). Pouvoir de revitalisation puissant.

Scarabée
(Egypte ancienne)
Réputé protéger contre la mort violente.
Assure la défense contre les personnes malsaines.

Main de Fatma
(Monde musulman)
Symbolisant les cinq règles fondamentales de l'islam, cette main protège et porte chance.

Le dauphin
(Universel)
Talisman hautement protecteur.
Symbolise la valeur morale, la vertu, l'intelligence.

Comme nous le voyons, l'arbre du bonheur en ambre est en bonne compagnie. Cet arbre porte chance.

Quand vous aurez refermé ce livre, allez dans un magasin spécialisé (librairie ésotérique, boutique de produits naturels) et procurez-vous un arbre du bonheur, ou deux, ou trois...

Parfois, dans la vie, la chance tient à peu de choses.

Et le bonheur...

Dans la chambre de votre enfant

Je viens d'évoquer l'arbre du bonheur et il me semble judicieux, à titre d'exemple, de consacrer à cet arbre en ambre à nul autre semblable un chapitre particulier pour un usage bien précis, l'équilibre émotionnel des enfants.

J'évoque par ailleurs l'usage traditionnel du collier d'ambre pour soulager les douleurs des très jeunes enfants qui *font leurs dents*.

Ce dont je vais parler ici est d'une autre nature, concernant une douleur différente, mais tellement importante chez le jeune enfant...

J'ai évoqué dans mon premier livre l'intérêt de mettre dans la chambre d'un enfant une lampe en cristal de sel pour apaiser ses tensions, calmer sa nervosité et favoriser son sommeil.

Je préconise à ce sujet une lampe en cristal de sel de forme sphérique ou même mieux encore, en forme d'œuf (qui rappellera inconsciemment à l'enfant le temps béni où il était niché dans le ventre de sa maman).

Je vous donne un conseil : équipez <u>toutes</u> vos chambres d'enfants avec deux objets posés sur tel ou tel meuble (table de nuit, commode, étagère...) à savoir une lampe en cristal de sel en forme d'œuf <u>et</u> un arbre du bonheur en ambre.

Mon expérience personnelle (il y a trente ans que je fais connaître les vertus de l'ambre) et les innombrables témoignages qui m'ont été adressés par des mamans reconnaissantes, me permettent de donner aujourd'hui dans ce chapitre de mon ouvrage les indications multiples de l'arbre du bonheur en ambre placé dans la chambre des jeunes enfants.

Les mamans le savent bien, dès le « premier âge », les enfants sont très sensibles à l'ambiance familiale. Si la famille a des difficultés (des problèmes matériels, une période de chômage qui se prolonge...) et si des conflits se multiplient (induits par une séparation, une mésentente) cet environnement pollué affecte les enfants dans leur vécu émotionnel, ce qui accroît leur fragilité et leur vulnérabilité, sauf chez certains enfants qui trouvent dans la situation conflictuelle de leur entourage familial une forme de capacité d'autodéfense.

Le plus souvent cela génère des affections (spasmes, ballonnements, dermatoses, sommeil agité...) dont l'origine psychosomatique est la plupart du temps ignorée, alors que dans bien des cas la proximité d'un arbre du bonheur en ambre pourrait réguler l'instabilité émotionnelle des enfants et leur redonner confiance en eux, gommant leurs peurs.

Je conseille aux mamans de placer un arbre du bonheur en ambre dans la chambre de leur enfant dans toutes les circonstances suivantes :

Si votre enfant reste accroché à vous quand vous le mettez au lit.

S'il ne veut pas que vous le quittiez.

S'il pleure dès que vous sortez de sa chambre.

Si votre enfant se réveille plusieurs fois par nuit et pleure.

S'il ne se calme que si vous le prenez dans vos bras.

Si votre enfant est privé de vous la journée (en nourrice, à la crèche).

Si votre enfant panique quand vous le couchez pour une raison imaginaire (par exemple, un monstre caché sous son lit).

S'il a simplement peur du noir, peur de la nuit.

Si votre enfant ne veut pas que vous repartiez quand vous le conduisez chez la nourrice ou à la crèche, ayant peur que vous l'abandonniez.

S'il fait de violents caprices à ce sujet (lors de la séparation, chaque matin), et exprime un chantage affectif, étant très possessif.

Si vous le changez de nourrice (ou de crèche) et qu'il perd ses repères.

Pendant les périodes où il perce ses dents
Pendant l'apprentissage de la marche.

Si vous avez le plus grand mal à lui apprendre la propreté et que vous devez continuer à lui mettre des couches très longtemps.

Quand un nouveau bébé apparaît dans la famille.

Si votre enfant est :

- Peureux
- Timide
- Enclin à rougir en présence de personnes inconnues.

Si votre enfant est :

- Rêveur
- Distrait
- Absent
- Inattentif
- Comme vivant sur une autre planète

Si votre enfant est :

- Boudeur
- Toujours de mauvaise humeur
- Jamais content
- Rancunier
- Convaincu que ce qui lui arrive n'est jamais de sa faute

Si votre enfant est :

- Coléreux
- Agressif
- Envieux
- Autoritaire
- Invivable avec ses frères et sœurs (et jaloux d'eux).

Si votre enfant est hyperactif et ne tient pas en place.

Si votre enfant ne supporte pas le rythme des autres, considérant que cela ne va jamais assez vite, s'il ne sait pas se relaxer, se précipite toujours, ne prenant pas le temps de la réflexion.

S'il veut toujours être considéré comme le centre du monde.

L'ambre et l'amour

Les colliers d'ambre, ainsi que les bracelets, connaissent un vif succès auprès de certaines personnes convaincues que l'ambre, tel un aimant, a la capacité d'accroître l'attraction entre un homme et une femme... étape obligée de l'amour.

Dans cette perspective, porter de l'ambre permet :

- Soit d'attirer le regard de la personne que l'on veut séduire
- Soit de consolider l'amour entre deux êtres
- Soit de retrouver la personne aimée en cas de séparation

Un collier d'ambre attirant la personne que l'on veut séduire, garder ou reconquérir, cela explique le succès de cette pierre auprès d'une certaine population sensible au *bouche à oreille* à ce sujet.

Nous allons élargir cette croyance vivace attachée à l'ambre et à l'amour (que l'on retrouve à toutes les époques et dans bien des civilisations) en citant ci-dessous ce que nous avons pu personnellement lire au sujet de l'ambre lorsque nous avons travaillé à l'écriture de cet ouvrage, se rattachant à cet aspect des vertus de l'ambre sous un angle dont il ne faut pas sourire, bien au contraire.

Nous avons ainsi appris que l'ambre :

- Attire l'amour
- Attire l'argent
- Attire la chance au jeu, et dans la vie en général

- Entraîne le succès, la réussite professionnelle
- Entraîne l'équilibre, l'épanouissement
- Entraîne la joie de vivre, le bonheur

Que demander de mieux ?

Ne dit-on pas : « Il n'y a pas de fumée sans feu » ?

Alors vous savez ce qui vous reste à faire, lecture faite : offrez-vous un collier d 'ambre, un bracelet, placez un arbre *feng shui* en ambre sur un meuble dans l'entrée de votre maison (à l'instar de ce que font les Chinois avec leur grenouille) ou la salle de séjour.

Et ne soyez pas égoïste, pensez à ceux que vous aimez.

L'ambre est une excellente idée de cadeau, toujours apprécié.

Ambre et purification en naturopathie. Exemple de l'arthrose

En naturopathie, l'ambre est associé à la purification de l'organisme, au drainage des déchets métaboliques par la stimulation des émonctoires.

Il est donc utile, me semble-t-il, de faire un peu de pédagogie à ce sujet. Le *père* de la naturopathie est Hippocrate (460 – 377 av J.C.) qui fut incontestablement inspiré lui-même de la mythologie grecque.

Le Dieu grec de la médecine, Asclepios (Esculape) a eu deux filles :

Hygie, qui enseignait aux hommes l'art de vivre de façon harmonieuse et près de la nature afin de rester en bonne santé, sans avoir recours à la médecine. Le mot « hygiène » est dérivé de cette approche fondamentale de la santé.

Panacée, qui connaissait tout de l'art de guérir grâce aux plantes médicinales (essentiellement) et autres substances de la nature (d'origine animale et minérale).

Hippocrate s'appuya sur cette ambivalence de l'*art* médical :

- *Primum non nocere* (premièrement, ne pas nuire)
- *Natura medicatrix* (c'est la nature qui guérit)

Des 10 volumes de l'œuvre d'Hippocrate, la plupart des gens n'ont retenu que l'expression « Que ton aliment soit ton médicament » (qui est essentielle, certes, la diététique étant le fondement de la santé) mais il convient de mettre davantage encore en lumière ces deux expressions (*Primum non nocere, Natura medicatrix*).

La naturopathie hippocratique a une approche holistique (mot dérivé du grec *holos* signifiant global) : l'être humain doit être considéré dans sa globalité physique, mentale, émotionnelle, culturelle, sociale...

Hippocrate énonce la notion d'humorisme.

Les « humeurs » évoquées par Hippocrate, et redéfinies en des termes contemporains, sont :

- Le sang
- La lymphe
- Les liquides interstitiels, dans lesquels baignent les cellules
- Les liquides intracellulaires, dans lesquels baignent les organites du cytoplasme des cellules, noyau, mitochondries...

Les autres grands « noms » de la naturopathie furent Galien (dans l'Antiquité) et au XXe siècle Kneipp, Shelton, Mono, Carton, Henry Charles Geoffroy (le fondateur de *La Vie Claire*) et Pierre Valentin Marchesseau.

C'est Marchesseau qui réalisa dès 1935 la synthèse de tous les mouvements cardinaux de la naturopathie.

Pour toute affection, Marchesseau propose systématiquement 3 cures successives :

- Une cure préalable pour stimuler l'élimination des surcharges humorales.

- Une cure de revitalisation visant à combler les carences survenant lors de la saturation humorale et de la détoxination.

- Une cure de stabilisation, phase décisive pendant laquelle il convient de maintenir l'organisme en équilibre, en harmonie, de façon à générer une énergie bénéfique, une force vitale (on parle à ce sujet de « vitalisme »).

Dans ces trois cas, les naturothérapeutes qui canalisent les effets bénéfiques des pierres (on dit aussi lithothérapeutes) préconisent de porter sur soi de l'ambre en collier, en bracelet.

Nous le savons, les liquides biologiques représentent les 2/3 du corps humain. La naturopathie considère donc (avec raison) que la maladie est directement provoquée par les déchets s'accumulant dans ces liquides.

Cette accumulation toxique asphyxie les cellules, encombre les tissus, perturbe le bon fonctionnement des organes (ou des articulations, dans le cas de l'arthrose, pour prendre cet exemple).

En naturopathie, on ne parle plus guère de nos jours *d'humorisme hippocratique* mais de « Médecine de terrain ».

Ainsi, pour prendre un seul exemple (qui concerne justement l'arthrose) un déséquilibre acido-basique entraînant une baisse du pH en deçà de ses normes physiologiques provoque un accroissement de l'accumulation d'acide urique dans les articulations.

Dans ce cas précis, en naturopathie, la thérapie sera double :

- Régulation du pH grâce à des nutriments spécifiques.
- Drainage simultané de l'articulation grâce à des plantes elles aussi spécifiques... et au port d'ambre, d'aimants, de bracelets de cuivre.

Concrètement, en cas d'arthrose, la reconstruction du cartilage sera d'autant plus efficace que préalablement (ou simultanément) on libérera l'articulation polluée, encrassée, encombrée, asphyxiée, congestionnée.

Et pour cela il n'y a pas d'autre solution que le drainage des déchets métaboliques et des débris de cartilage. En naturopathie, ce drainage se fait par la stimulation des émonctoires excréteurs :

- Les reins
- Les intestins
- Le foie
- Les glandes sudoripares de la peau
- Les alvéoles pulmonaires

Les 5 émonctoires de l'organisme sont des stations d'épuration.

Ils agissent tels des filtres.

Ils retiennent, au sein des liquides biologiques, ce dont nous avons besoin pour vivre. Ils rejettent les déchets et toxines dans :

- Les urines
- Les selles
- Les sels biliaires
- La transpiration
- Les gaz carboniques

Pour « libérer » une articulation souffrant d'arthrose il faut donc agir à distance sur les organes d'élimination.

C'est ainsi qu'agissent :

- Les plantes diurétiques et dépuratives
- Les aimants
- Le bracelet de cuivre
- Les lampes en cristal de sel
- L'ambre

Les débris de cartilage et déchets métaboliques sont excrétés en trois temps :

- Désincrustation
- Mobilisation
- Elimination

Pour soulager une arthrose, il faut « ouvrir les vannes » de l'organisme.

Pour *ouvrir ces vannes* il faut une clé.

Cette clé : les plantes diurétiques et dépuratives, les aimants, le bracelet de cuivre, les lampes en cristal de sel, l'ambre.

L'approche du traitement de l'arthrose est celle-ci en naturopathie :

Le port d'un collier d'ambre (le jour) et d'un bracelet d'ambre (la nuit) ou l'inverse (bracelet le jour, collier la nuit, l'important est d'alterner) contribue à soulager de façon significative les articulations affectées par la dégénérescence des cartilages en cas d'arthrose.

Si vous avez de l'arthrose, mettez toutes les chances de votre côté :

- Portez de l'ambre sur vous (collier, bracelet en alternance)
- Apprenez à utiliser les aimants thérapeutiques
- Portez un bracelet de cuivre
- Placez-vous dans l'environnement bénéfique d'une lampe en cristal de sel.

Pour tous ces objets (ambre, aimants, bracelet de cuivre, lampes en cristal de sel) questionnez les « initiés », ceux qui savent les vertus de ces objets peu connus encore, mais combien efficaces !

L'ambre stimule la mémoire

L'une des indications majeures de l'ambre en lithothérapie est la stimulation de la mémoire. Les naturopathes qui travaillent avec des pierres, en présence de perte de mémoire, conseillent le port d'un bracelet d'ambre pendant la journée et la proximité nocturne d'un arbre en ambre posé sur sa table de nuit.

Ainsi, jour et nuit, les neurones de notre cerveau sont stimulés :

- Le jour, par le collier d'ambre
- La nuit, par le rayonnement de l'arbre en ambre

Personnellement, nous préconisons également :

- Le port d'aimants favorisant la neuromédiation dans le cerveau (lisez le chapitre que j'ai consacré à ce sujet dans mon livre sur les aimants).
- De respirer dans l'environnement d'une lampe en cristal de sel pour les multiples raisons évoquées dans mon ouvrage « Les lampes en cristal de sel, vitamines de l'air » que je vous conseille de lire.

Si les lithothérapeutes conseillent l'ambre à leurs patients qui perdent la mémoire, cette prescription est certainement à rattacher au fait que l'ambre est une résine fossile témoignant de la vie sur terre il y a plusieurs dizaines de millions d'années.

L'ambre est la « mémoire » des temps géologiques anciens. Ses inclusions *parlent* des temps anciens.

Je me devais d'évoquer cette indication majeure de l'ambre en lithothérapie tant la perte de la mémoire est le stigmate le plus mal vécu par les hommes et les femmes en vieillissant.

Et je profite de ce livre pour évoquer dans ce chapitre comment être « mémo-actif » (en plus de porter un collier d'ambre) :

- En oxygénant son cerveau
- En faisant travailler sa mémoire
- Avec une diététique spécifique (dite *du cerveau*)
- En prenant des compléments alimentaires

Avec le temps, nous perdons progressivement la mémoire. C'est une constatation fondée sur l'évolution physiologique. En effet, les cellules de notre cerveau, les neurones, ne se régénèrent jamais, à l'inverse de toutes les autres cellules du corps humain.

Nous avons plusieurs dizaines de milliards de neurones à la naissance, et nous commençons à en perdre dès la fin de la puberté, époque de notre vie où nous sommes au maximum de nos capacités intellectuelles.

Le vieillissement des neurones, leur dégénérescence puis leur destruction sont les marques essentielles du vieillissement. La perte progressive des capacités cérébrales est l'un des phénomènes les plus mal vécus par les personnes âgées. Et au nombre de ces fonctions cérébrales, la mémoire occupe le premier rang, en ce qu'elle est essentielle à notre comportement dans la vie de tous les jours.

Or un deuxième événement affecte progressivement la mémoire lorsque l'on vieillit : les neuromédiateurs qui sont nécessaires à la bonne continuité du fonctionnement cérébral se tarissent petit à petit.

Il faut savoir que ces neuromédiateurs jouent un rôle majeur puisqu'ils assurent les connexions entre les neurones, de proche en proche, car ceux-ci ne sont pas jointifs, dans le cerveau : il y a un mince interstice entre les dendrites qui prolongent l'axone d'un neurone et les dendrites prolongeant l'axone du neurone suivant.

Cet intervalle s'appelle la synapse, et pour que tout marche bien dans notre tête (en particulier notre mémoire) nous devons en permanence sécréter des substances biochimiques, appelées neuromédiateurs, qui viennent se loger dans les fentes synaptiques, permettant la transmission des messages de neurone à neurone, de proche en proche.

Or notre organisme qui fabrique lui-même ces neuromédiateurs a besoin, en amont, de puiser dans l'alimentation quotidienne les éléments nutritifs nécessaires à cette synthèse.

Pour prendre l'exemple du neuromédiateur principal stimulant de la mémoire, l'acétylcholine, des phospholipides doivent être puisés dans les aliments que nous mangeons, faute de quoi les sécrétions internes d'acétylcholine seront insuffisantes, et la mémoire défaillante.

Ceci est d'autant plus nécessaire avec le temps, car notre capacité à synthétiser les neuromédiateurs ralentit petit à petit au-delà de 50 ans, ralentissement qui s'aggrave ensuite rapidement. Il importe donc, en vieillissant, de s'alimenter convenablement afin de permettre à l'organisme de compenser l'usure du temps grâce aux composants bénéfiques à la mémoire que l'on trouve dans l'alimentation : vitamines, minéraux, oligo-éléments, acides gras essentiels, acides aminés... Sinon, les pertes de mémoire seront plus précoces et plus graves.

Le fonctionnement du cerveau réclame une bonne vascularisation qui apporte, d'une part, les composants nutritifs indispensables, d'autre part, un élément nécessaire à la vie de chaque cellule : l'oxygène.

Les neurones sont plus sensibles que toutes les autres cellules du corps humain à la privation d'oxygène. Si la circulation du sang est interrompue accidentellement dans le cerveau (par exemple en cas d'hémorragie cérébrale), l'asphyxie est brutale, grave, entraînant des dommages irréversibles. Ainsi, la compression d'une carotide, chez l'homme, provoque la perte de connaissance.

Une hypotension artérielle chronique ou une anémie sérieuse freinent considérablement le fonctionnement cérébral.

Pour prendre un autre exemple : à haute altitude, avec la raréfaction de l'oxygène de l'air, un coma peut survenir (le mal des montagnes).

Dernier exemple : des troubles sérieux de la mémoire affectent les mineurs de fond qui sont en permanence privés d'air pur.

On peut mesurer facilement les échanges respiratoires au sein du tissu cérébral en dosant l'oxygène du sang qui arrive au cerveau par les artères carotides et celui qui le quitte par les veines jugulaires, et on se rend alors compte des considérables besoins du cerveau en oxygène.

Pour assurer le bon fonctionnement du cerveau, il convient donc de lui apporter le maximum d'oxygène en faisant des exercices respiratoires appropriés. Avec une méthode très simple de respiration profonde, on augmente la ventilation pulmonaire, ce qui induit une meilleure oxygénation des tissus, et en particulier du tissu cérébral.

Nous conseillons de procéder aux exercices de respiration profonde deux fois par jour, au lever et au coucher, pendant quelques minutes où bien chaque fois, dans la journée, qu'un travail intellectuel se prolonge, les idées finissant par se brouiller, la tête devenant lourde.

Quelques effleurages manuels de la tête et du cou contribuent initialement à préparer le cerveau. On effleure le côté droit avec la main droite et le côté gauche avec la main gauche.

On procède de la façon suivante : on pose les mains sur le front, puis, en gardant le contact avec la peau, on descend progressivement vers la poitrine en passant successivement par les tempes, derrière les oreilles et le long du cou.

Les mains étant parvenues au niveau de la poitrine, on cesse le contact et on les replace en position de départ, procédant à une dizaine d'effleurages successifs. Cette préparation allège le cerveau, rend les idées plus claires. On peut alors procéder aux exercices de respiration profonde. La position de départ est celle du *garde-à-vous* : talons joints, bras le long du corps, tête droite, épaules rejetées en arrière.

L'inspiration commence par le remplissage de la partie inférieure des poumons. On imagine que l'air pénètre dans l'abdomen que l'on pousse en avant. Ensuite, sans marquer de temps d'arrêt, on emplit le haut des poumons en portant la poitrine en avant.

Dès que les poumons sont pleins d'air, on laisse retomber doucement les côtes supérieures tout en rentrant le ventre.

Lorsque l'expiration est terminée, on continue à rentrer le ventre tout en contractant volontairement les muscles abdominaux et en abaissant les côtes inférieures autant qu'il est possible.

Après cette expiration forcée prolongée, on recommence à inspirer, et ainsi de suite. L'inspiration se fait uniquement par le nez, l'expiration par la bouche. Pendant ces exercices de respiration profonde, le rythme cardiaque doit rester strictement le même. Il faut s'interrompre si l'on sent le cœur battre anormalement vite.

Cette respiration profonde permet de mieux irriguer le cerveau, apportant l'oxygène nécessaire à son fonctionnement harmonieux, améliorant ainsi la capacité de mémorisation tout en augmentant la capacité d'attention et de concentration et en améliorant la résistance à la fatigue nerveuse.

Elle a d'autres avantages : elle régularise le rythme cardiaque et stimule les organes digestifs. Nous pouvons noter en passant que la respiration profonde se fera devant la fenêtre ouverte, ou mieux en plein air (pour ceux qui ont un jardin).

En cas de pollution excessive du milieu ambiant, l'utilisation d'une lampe en cristal de sel sera utile, générant des ions négatifs bénéfiques à la santé en général, au bon fonctionnement cérébral en particulier.

Pour améliorer sa mémoire, donc, la respiration profonde sera un élément co-actif important, au même titre qu'une alimentation saine.

D'autre part, un cerveau qui ne travaille pas s'anémie, cela a été prouvé expérimentalement. Il convient donc d'entretenir régulièrement les fonctions cérébrales, par exemple en pratiquant quotidiennement la lecture qui mobilise les capacités à fixer son attention.

Pour ce qui est de la mémoire, il est possible de reconquérir une partie significative des fonctions érodées au cours des années en se livrant à quelques exercices dont le côté ludique ne doit pas masquer le réel intérêt. On peut appeler cela : faire travailler sa mémoire.

Il faut distinguer plusieurs types d'exercices en fonction de la nature de la mémoire devant être stimulée.

Pour faire travailler sa mémoire, il existe un exercice tout simple : faites disposer par une tierce personne sur une table 10 objets usuels recouverts par une serviette qui les masque à votre regard.

Soulevez la serviette, et examinez très soigneusement les 10 objets offerts à votre vue pendant exactement 1 minute. Recouvrez à nouveau les objets pour les soustraire à votre regard.

Attendez 5 minutes (précisément). Ecrivez sur une feuille de papier le nom des 10 objets qui se trouvent sur la table, masqués par la serviette. Si vous vous souvenez des 10 objets... votre mémoire est extraordinaire. Si vous vous souvenez de 9 objets, vous avez conservé une très bonne mémoire. Si vous vous souvenez de 8 ou 7 objets, votre mémoire reste honorable, il n'y a pas lieu de vous inquiéter. Le port d'un collier d'ambre ne vous fera pas de mal, bien au contraire. Essayez !

Si vous vous souvenez de 6 ou 5 objets, vous devez commencer à vous préoccuper de vos pertes de mémoire. Si vous vous souvenez de moins de 5 objets, on peut dire que vous avez perdu votre mémoire et je vous conseille vivement une diététique appropriée, ainsi que la prise de nutriments mémo-actifs et le port d'un collier d'ambre.

Pour retrouver une mémoire active, il existe une diététique du cerveau qui peut se résumer à quelques points :

Mangez du poisson

Le poisson est la meilleure source de protéines, pour stimuler la mémoire, l'aliment qu'il faut absolument privilégier.

Malheureusement, le poisson est souvent le grand oublié de nos tables, et c'est bien dommage pour notre santé, car on peut réellement dire que le poisson est l'ami de notre cerveau, et aussi de nos artères, ayant un rôle préventif des accidents cardio-vasculaires.

Autrefois, il aurait été impensable de ne pas manger du poisson le vendredi. Un vrai rituel. Tous les vendredis de l'année, sans aucune exception. On disait alors que le vendredi était un *jour maigre*, expression juste de sens puisqu'elle reflète l'exacte réalité : il y a moins de graisse dans une escalope de thon, le poisson le plus gras, que dans une escalope de veau, la viande la plus maigre.

Que reste-t-il aujourd'hui de cette tradition ? Pas grand chose. Jean-Marie Bourre résume bien cette évolution quand il écrit dans son excellent livre *Les bonnes graisses* : " *Demandez à certains enfants de dessiner un poisson, ils crayonnent un rectangle*." Coluche ne disait pas autre chose avec ses *poissons carrés avec les yeux dans les coins*.

Si les neurologues et les cardiologues s'égosillent à nous dire "Mangez du poisson" ils ont d'excellentes raisons à cela : à l'inverse de la graisse contenue dans la viande, qui est saturée, celle que l'on trouve dans le poisson est majoritairement poly-insaturée, bénéfique pour le cerveau, donc pour la mémoire, et pour les artères.

Les poissons sont riches en acides gras poly-insaturés à très longue chaîne, dérivés des acides linoléique et linolénique :

- L'EPA ou acide eicosapentaénoïque (Eicosa-Pentaenoic Acid en anglais)

- Le DHA ou acide docosahexaénoïque (Docosa-Hexaenoic Acid en anglais)

Ces deux acides gras dits de la série oméga 3 sont bénéfiques à l'ensemble de nos capillaires, en particulier ceux du cerveau, le cerveau étant une zone de l'organisme fortement vascularisée.

Le poisson joue un rôle fondamental pour la bonne irrigation du cerveau, condition essentielle d'une bonne mémoire. De plus, le poisson contient en quantité du phosphore, minéral fondamental de la mémoire.

Mangez des œufs

Il est conseillé de manger des œufs pour avoir une bonne mémoire car les œufs contiennent des phospholipides très précieux à double titre :

Le phosphore est le nutriment mémo-actif principal, nous ne le dirons jamais assez. Or les jaunes d'œuf en contiennent en quantité.

Les lipides contenus dans les jaunes d'œuf nourrissent les membranes cellulaires du cerveau, assurant l'osmose entre le milieu intérieur des neurones et le liquide interstitiel dans lequel baignent ces neurones et où ils puisent leur substance nutritive pour bien fonctionner, donc pour avoir une bonne mémoire.

Et le jaune d'œuf est une source précieuse de lécithine mémo-active.

Mangez des céréales

Pour le fonctionnement du cerveau, il est nécessaire de lui fournir du *carburant* de la même façon que l'on doit fournir de l'essence au moteur d'une automobile. Le carburant énergétique du cerveau est bien connu : ce sont les glucides, c'est-à-dire les sucres.

Mais pas n'importe quels sucres. Les sucres rapides sont inutiles, à l'inverse des sucres lents qui sont conseillés. On entend par sucres rapides ceux dont l'assimilation métabolique se fait immédiatement au terme de la *vidange* gastrique. Ce sont le sucre proprement dit, de canne ou de betterave (en morceaux ou en poudre), les confiseries (bonbons), les sodas (eau sucrée). Ils n'apportent rien de durable ni au cerveau ni à la mémoire.

Les sucres lents sont ceux que l'organisme assimile lentement, comme leur nom l'indique. Le principal est l'amidon, que l'on trouve dans les graines de céréales. Le cerveau alimenté pendant plusieurs heures par le sucre lent des céréales, lors de la digestion, peut fonctionner correctement, alimenté durablement par son *carburant* glucidique.

Mangez à tous les repas, au choix, blé, riz, orge, avoine, seigle, maïs, millet, sarrasin... Les gens qui font à bon escient l'apologie du régime crétois font tous remarquer que les céréales constituent une base de cette alimentation, sous forme de pain ou de galettes dont ils se servent pour insérer d'autres aliments, comme pour nous les sandwichs.

Le régime méditerranéen, par extension, qui représente le modèle de la diététique, doit beaucoup aux céréales. Ainsi en Italie les pâtes et les pizzas. Il faut seulement ici dire deux choses :

- Il faut privilégier les céréales issues de culture biologique, impérativement. C'est bien facile, il existe un grand nombre de marques qui développent des gammes étendues de produits que vous trouverez en magasins de diététique. Les céréales bios sont exemptes de résidus de pesticides ou autres produits chimiques habituellement utilisés dans la culture intensive moderne, produits toxiques et allergisants.

Changez vos habitudes. Consommez des céréales biologiques, et rien d'autre. Commencez par le riz bio. Vous verrez la différence déjà au goût et sur le plan de la digestibilité.

- Il faut privilégier les céréales complètes. C'est une évidence à cause des fibres contenues dans les enveloppes externes des céréales, 3 membranes successives : l'épicarpe, le mésocarpe et l'endocarpe.

De plus, les céréales complètes concentrent les éléments nutritifs bénéfiques à l'organisme. Quand on mange du pain complet, on ne mange pas seulement les glucides contenus dans l'amande du grain mais aussi le germe, riche en très précieuse vitamine E et en non moins précieux magnésium, ainsi que l'assise protéique riche en acides aminés.

Mangez des légumes

Comme les céréales, les légumes peuvent être consommés sans restriction pour être en bonne santé, d'une façon générale, et pour avoir un cerveau qui fonctionne bien en particulier.

Les légumineuses, tout d'abord, sont précieuses pour leur richesse protéique et leur teneur en glucides lents mais aussi en fibres et en minéraux. Ce sont les lentilles, les haricots blancs, les pois cassés, les pois chiches… autant d'aliments que nous avons tendance à négliger aujourd'hui et qui sont pourtant excellents pour leur composition propice à la stimulation des fonctions cérébrales (encore une fois, grâce à leur teneur en glucides lents, cet amidon *carburant* du cerveau).

Quant aux légumes verts, ils constituent le fondement de tout régime alimentaire. Mangez des légumes à tous les repas, crus ou cuits, en salade, en plat, en garniture ou en soupe, peu importe, mais mangez des légumes verts en quantité… et votre organisme s'en portera bien.

Mangez des fruits

Il en est des fruits comme des légumes : on peut (et on doit) les consommer sans restriction. En particulier les fruits oléagineux riches en huiles bénéfiques aux membranes du cerveau : noix, noisettes, pignons de pin, amandes, pistaches, noix de cajou.

Les fruits sont riches en vitamines, en fibres, en glucides...

Mangez des fruits, buvez des jus de fruits (faites-les vous-mêmes de préférence, avec une centrifugeuse qui peut aussi vous servir à faire des jus de légumes). Préférez les fruits de saison. Mangez des fraises au printemps, et des cerises. Des pêches pendant l'été, des abricots, des prunes, des poires. Mangez des oranges l'hiver, des clémentines.

Et des pommes en toutes saisons, riches en pectine.

Mangez des huiles non raffinées, du sel non raffiné, du sucre non raffiné... C'est facile à comprendre : le raffinage des aliments atténue leur valeur nutritive. Votre cerveau se portera bien (et votre mémoire avec) de consommer des aliments non raffinés riches de la totalité de leurs composants bénéfiques à la santé.

Huiles, sel, sucre... lisez bien les étiquettes et privilégiez les aliments non raffinés de préférence aux autres. Ainsi, du sucre de canne roux, du sel de mer gris ou des huiles vierges de première pression à froid.

En plus de cette diététique du cerveau et du port d'un collier d'ambre, je vous conseille certains nutriments mémo-actifs :

La lécithine de soja

Au premier rang d'une thérapie mémo-active on doit consommer en quantité de la lécithine de soja car elle aussi stimule le métabolisme des neuromédiateurs favorisant les connexions cérébrales qui améliorent la mémoire. Les deux principales sources naturelles de lécithine sont le jaune d'œuf et le soja. En naturothérapie, on utilise la lécithine de soja. Cette substance contient des acides gras essentiels, du phosphore et deux vitamines du groupe B, la choline et l'inositol.

La principale propriété de la lécithine de soja est remarquable : c'est un émulsifiant naturel qui permet de dissoudre les graisses en suspension dans le sang (le cholestérol et les triglycérides) et qui leur évite de se déposer sur la paroi interne des vaisseaux, facilitant leur dispersion préventive de l'artériosclérose.

Nous le savons, le cerveau est une zone irriguée par un réseau ténu de capillaires de faible diamètre, et il est essentiel de maintenir intacte la lumière artérielle, à savoir le diamètre intérieur des carotides, afin que le sang afflue normalement au sein du tissu cérébral.

Le ralentissement de la circulation sanguine au sein du cerveau amoindrit sensiblement les capacités cérébrales, parmi lesquelles la mémoire. Il importe donc de consommer en quantité de la lécithine de soja qui émulsionne les graisses consommées lors des repas afin que celles-ci n'aient pas de conséquence néfaste sur le plan vasculaire en calcifiant la paroi des artères, au risque d'un accident vasculaire cérébral (une hémorragie cérébrale, encore appelée *attaque*, avec les conséquences que l'on connaît, dont l'invalidante hémiplégie).

Non seulement la lécithine de soja est un puissant stimulant des capacités intellectuelles, dont la mémoire, mais elle a une action cholagogue (bénéfique sur le foie) et hypocholestérolémiante. On conseille la lécithine de soja en cas de mémoire insuffisante, mais aussi dans les situations de fatigue nerveuse, surmenage, asthénie, insomnie.

Le phosphore

Le phosphore est le minéral de la mémoire. En langage populaire, *phosphorer* veut dire que le cerveau fonctionne bien, que la mémoire est bonne. Le phosphore est décisif dans le cerveau sous sa forme de phospholipide, c'est-à-dire son association avec les lipides (par exemple l'huile d'olive dont nous avons parlé plus haut) pour nourrir les membranes des neurones en éléments essentiels à leur structure.

Toutes les membranes des neurones : membranes cytoplasmiques, membranes mitochondriales. Sans phosphore, point de phospholipides, et des neurones en mauvais état, une mauvaise mémoire.

Le phosphore a d'autres fonctions : associé au calcium, il contribue à la structure des os. Il stimule la production de l'énergie au niveau cellulaire. Il agit sur l'équilibre nerveux.

En plus du manque de mémoire, les indications du phosphore sont la déminéralisation, la décalcification, l'ostéoporose, le surmenage intellectuel, la dépression nerveuse, l'insomnie, la spasmophilie, les crampes, les spasmes.

Le magnésium

Le magnésium est omniprésent dans l'organisme. Le corps humain en contient environ 30 g, dont une partie dans le cerveau. Ce minéral joue un rôle catalytique essentiel en ce qu'il contribue à la fixation d'autres minéraux par le corps (le calcium, le potassium, le phosphore) selon des proportions qui doivent être respectées pour leur co-assimilation.

Pour fixer dans le cerveau le phosphore nécessaire à la mémoire, l'organisme a besoin de magnésium, les deux minéraux étant complémentaires, indissociables quant à leur métabolisme.

Avoir une bonne mémoire implique donc un apport de magnésium. Parmi ses autres fonctions, c'est un régulateur de l'hyperexcitabilité des nerfs, indiqué en cas de spasmophilie. Il contribue à la régulation des contractions cardiaques, propriété importante en cas d'arythmie, de tachycardie. Le magnésium est un sédatif utile en cas d'insomnie, d'angoisse, de dépression. C'est aussi un anti-stress.

La vitamine B6

La vitamine B6, nommée pyridoxine, est formée de trois composants (le pyridoxal, la pyridoxamine et le pyridoxol) qui jouent un rôle-clé dans le métabolisme des protéines dont le cerveau a besoin pour son fonctionnement. La pyridoxine est le co-facteur d'un enzyme, le *pyridoxal-5 phosphate*, qui stimule la synthèse de l'acide gamma-aminobutyrique, neuromédiateur stimulant la mémoire.

Elle intervient également dans l'élaboration d'autres neuromédiateurs, la dopamine et la sérotonine, qui contribuent eux aussi à l'équilibre nerveux, à la régulation du sommeil et à la stimulation de la mémoire.

Au total, donc, pour stimuler naturellement votre mémoire, je vous conseille vivement de porter pendant la journée un bracelet d'ambre, de placer un arbre en ambre sur votre table de nuit, de procéder à une bonne oxygénation de votre cerveau, de suivre une diététique appropriée et de prendre des compléments alimentaires mémo-actifs : lécithine de soja, phosphore, magnésium et vitamine B6.

L'ambre harmonise la circulation de l'énergie

Ce chapitre va peut-être vous sembler un peu *difficile* dans son expression pédagogique, mais lisez-le attentivement car je vais m'employer, dans les quelques pages qui suivent, à vous expliquer en quoi l'ambre est essentiel à notre santé et à notre bien-être, physique et mental.

En effet, l'ambre harmonise en nous la circulation de l'énergie, et cela est absolument fondamental, sa principale propriété à mon avis.

Suivez pas à pas mon raisonnement, et vous serez convaincu, je n'en doute pas, lecture faite, de l'intérêt majeur de l'ambre.

Chaque être humain est unique, subtil, soumis à des influences diamétralement opposées :

- Son passé et son futur
- Sa constitution matérielle et son esprit immatériel
- Sa latéralité gauche et droite
- Son ancrage tellurique et son ouverture cosmique

Toute notre vie, à travers la résolution du problème posé par ces dualités, nous recherchons notre unité existentielle, notre équilibre, notre bonheur.

La compréhension de cette complexité suppose d'*ouvrir de nouvelles fenêtres* pour jeter un regard neuf sur notre vie.

Dans un premier temps, il nous faut situer les mécanismes vitaux au sein d'une conception géométrique de notre organisme.

Il s'agit d'une architecture tridimensionnelle organisée autour de trois plans : notre verticalité, notre horizontalité et notre latéralité.

L'état de santé (de bonheur, d'équilibre) se situe dans la construction de l'unité de ces trois plans vitaux à travers un système de création, de communication et de circulation de l'énergie selon les interfaces énergétiques de notre corps.

La création et la circulation de l'énergie au sein de notre *bulle* corporelle doivent être fluides, sans blocage, sans rupture.

Grâce à la bonne organisation architecturale de notre corps, il est possible d'arriver à cet état idéal.

Mais les trois plans qui sont le fondement de notre équilibre sont sans cesse attaqués par des forces obliques déstabilisantes :

- On mange mal
- On pense mal
- On gère mal notre état émotionnel
- On néglige notre physique...

Il s'ensuit une déstabilisation qui induit un *mal-être* général et de multiples pathologies survenant en cascade si nous ne faisons rien pour inverser ce processus pervers.

Or l'ambre permet de nous recaler selon nos trois plans.

Le repositionnement qu'entraîne le port d'un objet en ambre (par exemple un collier) efface la dérive provoquée par les forces parasites et polluantes.

Cela permet de retrouver nos repères, notre équilibre vital. Notre santé.

Evoquons maintenant ces trois plans.

Le plan de verticalité qui constitue l'une des trois composantes structurelles de notre corps exprime le flux vital indispensable mais dichotomique entre la terre nourricière sur laquelle nous reposons (ancrage matériel qui détermine en particulier notre sexualité) et le ciel vers lequel nous regardons, qui symbolise l'immatérialité de notre ouverture spirituelle, véritable repère de notre liberté.

La circulation de l'énergie sur ce plan *terre-ciel* est une source ô combien précieuse d'harmonie, d'équilibre, de bien-être.

Les perturbations sur ce plan peuvent être régulées grâce à l'ambre.

Le plan d'horizontalité, lui, nous positionne dans une dimension temporelle entre ce que nous *portons derrière nous* en héritage et notre avenir : la mort et la vie, la nuit et le jour, le passé et le futur.

Ce plan nous connecte avec notre mémoire au sens large :

- Notre mémoire génétique
- Notre mémoire immunitaire
- Notre mémoire sociale
- Notre mémoire culturelle
- La mémoire de notre inconscient émotionnel

A l'opposé, ce plan nous ouvre les portes de notre devenir, de notre dynamique vitale, de notre actif :

- Créativité
- Immunité active
- Fertilité
- Position sociale et culturelle
- Dynamique physique

On comprend bien facilement combien nous avons besoin de nous situer par rapport à ces repères temporels, sources de stabilité.

Tout blocage qui interrompt la fluidité de l'énergie sur ce plan est fort perturbant car il nous empêche de nous situer dans le temps et d'obtenir les clés de l'action et de la mise en mouvement de notre devenir.

Nombre de troubles organiques, fonctionnels ou psychosomatiques trouvent leur origine dans cette incapacité à nous repérer et dans cette inhibition de l'action qui nous paralyse et nous verrouille sur des peurs ancestrales. Dans ce cas, l'ambre permet de nous recaler sur le temps présent, régulant l'interface entre notre passé et notre futur, ce qui nous reconnecte à nos points de repérage spatio-temporels, et tout rentre dans l'ordre.

Le plan de latéralité définit la gauche et la droite, ou encore le père et la mère au sens universel. Une rupture brutale en ce domaine peut avoir des effets dramatiques, imprévisibles.

Et là encore l'ambre a le pouvoir de nous « recaler ».

A partir des trois plans que je viens d'énoncer, on comprend la nécessité pour l'homme de se caler sur sa propre interface (son axe profond, véritable et libre) en réalisant une synthèse unitaire.

C'est entre autre ce qui fait que chaque être est unique.

Ceci va le propulser instantanément vers une prise de conscience encore plus importante : le fait que cette unité est en relation permanente avec les autres unités humaines, le libérant alors de toutes les angoisses liées à la dualité de son existence.

Cette dimension lui procure un équilibre auquel tout le monde aspire, la compréhension et l'intégration de son passé et de son futur sans aucune peur, la conscience que sa vie est devant lui, l'acceptation de sa dualité Père/Mère et par conséquent l'accord profond avec lui-même.

Cela le positionne sur un axe vertical qui l'ancre très fort à la terre nourricière tout en lui procurant sa liberté lorsqu'il se sent « inspiré ».
Malheureusement, il existe des forces obliques qui interfèrent sur la bonne ordonnance de nos plans vitaux et qui désorganisent la cohérence de ce bel ensemble.

L'unité vole en éclats. La disparité s'installe, la discontinuité, la précarité, la dysharmonie, les déséquilibres… la maladie.

La vie est un combat de tous les instants contre ces forces déstructurantes visant à désagréger notre équilibre énergétique.

Nos plans vitaux sont agressés en permanence par de multiples effets pervers :

- Mauvaise alimentation
- Habitudes toxiques
  - Alcool
  - Tabac
  - Drogue
- Sédentarité excessive.
- Pollution de l'environnement
- Atmosphère confinée (climatisation)
- Ondes nocives
  - Ordinateur
  - Télévision
  - Micro-ondes

- Stress
- Manque de sommeil
- Instabilité émotionnelle
- Troubles psychologiques
- Influence génétique

Cette liste est loin d'être exhaustive. Dans tous les cas, l'ambre aide à annihiler ces influences nocives, néfastes et maléfiques.

C'est cela, le recalage énergétique grâce à l'ambre.

Quand nous sommes énergétiquement déstabilisés, notre organisme se défend grâce à cinq *fusibles* qui sont autant de paliers de décompensation.

La décompensation ostéopathique est le premier palier. De façon élémentaire, la moindre perturbation énergétique se traduit avant tout par la modification de notre posture.

Nos trois plans (verticalité, horizontalité, latéralité) ont tendance à devenir obliques. Notre corps part alors *en vrille*, n'étant plus *calé* selon ses axes. Nombre de problèmes ostéopathiques surviennent :

- Blocage des cervicales
- Torticolis
- Dorsalgies
- Lombalgies

Ces problèmes en induisent d'autres en cascade :

- Céphalées
- Douleurs de toutes sortes
- Baisse de l'acuité visuelle
- Troubles de la mémoire
- Troubles digestifs
- Troubles circulatoires
- Troubles respiratoires
- Troubles cardiaques

A ce premier stade-là, les choses sont facilement réversibles ; l'ambre aide à remplir sa fonction de recalage.

L'ambre remet les choses en place, en quelque sorte, c'est-à-dire : droit.

La décompensation neurovégétative est le 2e palier. Si l'on a négligé les dysfonctionnements à leur premier stade, le *fusible* ostéopathique saute et surviennent des problèmes au niveau du système nerveux réflexe selon deux pôles : le parasympathique et ses troubles (apathie, somnolence, digestion lente...) et l'orthosympathique avec d'autres troubles (spasmophilie, palpitations...).

A ce second niveau, les choses sont encore largement réversibles et l'apport de l'ambre fort utile.

La décompensation hormonale est le 3e palier. Quand la décompensation neurovégétative est saturée, c'est un nouveau *fusible* qui saute et les choses se compliquent en amont.

Des problèmes thyroïdiens apparaissent (dans un sens ou dans l'autre : hyperthyroïdie, hypothyroïdie), des problèmes pancréatiques (diabète) et surrénaliens (stress, rétention d'eau, obésité).

Les ovaires sont affectés chez la femme (syndrome prémenstruel, dysménorrhée, fléchissement de la libido) ainsi que les testicules chez l'homme (troubles érectiles).

La réversibilité est toujours possible, mais plus difficile, plus longue à obtenir, et l'ambre sera toujours utile, certes, à ce stade, mais insuffisant, soyons objectifs, et il doit obligatoirement être alors fait appel à la médecine (médecine traditionnelle ou médecine naturelle).

Aux 4e et 5e paliers, à plus forte raison : en aucun cas l'ambre ne peut suffire à régler les pathologies qui surviennent à ces stades évolués. De l'ambre, oui, mais en complément d'un traitement (c'est important).

La décompensation dépressive est le 4e palier. Lorsque le 3e *fusible* a sauté, invariablement les choses évoluent vers une sévère dépression nerveuse.

Le mal-être est global : insomnie, angoisse, tristesse, mélancolie, manque d'intérêt pour l'existence… Bref, la *mauvaise pente*.

La décompensation cellulaire est le 5e palier. Le corps est au bout du rouleau. Les différents *fusibles* ont sauté les uns après les autres.

L'organisme est comme laminé par la lente et inexorable dégradation pathologique. Tous les sites (organiques, fonctionnels) ont subi des attaques répétées, de plus en plus violentes.

Une dépression immunitaire lourde se constitue. Grave. Les nuages noirs s'accumulent. L'orage n'est pas loin. Attention ! Et encore une fois, je le redis, à ces stades-là, en aucun cas, l'ambre ne peut être le seul *remède* et c'est une nécessité absolue de consulter un médecin, et de suivre le traitement approprié au stade avancé de la dégradation de la santé.

Propriétés piézo-électriques de l'ambre

Il est une observation qui a toujours fasciné les hommes, depuis l'Antiquité : lorsqu'on frotte un morceau d'ambre avec un chiffon, il est alors capable, tel un aimant, d'attirer des corps légers, plume, brindille.

C'est le savant grec Thalès de Milet (connu en mathématiques pour son fameux théorème) qui fit cette observation le premier. L'interprétation qu'il en donna nous paraît aujourd'hui désuète, mais cela indique qu'au VIe siècle avant J.C. l'ambre était déjà l'objet d'études en Grèce ; c'est dire l'intérêt que l'humanité a toujours porté à cette pierre unique.

Thalès écrit donc : « L'ambre jaune, une fois frotté, est capable d'attirer un brin de paille. L'ambre est doué d'une âme pour attirer ainsi les corps légers comme par un souffle ».

Il fallut attendre le XVIIIe siècle pour qu'un autre témoignage précise mieux encore les vertus de l'ambre frotté.

Il émane d'un physicien français, Charles de Cistenay Dufay, dont voici un extrait de son rapport à l'Académie des Sciences de Paris, publié en 1733 sous le titre : « Mémoire sur l'électricité. De l'attraction et de la répulsion des corps électriques ».

Le physicien écrit : « Si l'on frotte un tube de verre, on le rend électrique de façon qu'en laissant tomber une parcelle de feuille d'or, celle-ci est repoussée alors même qu'elle va toucher le verre.

Si l'on frotte un morceau d'ambre, on le rend également électrique, sauf que la feuille d'or qu'on laisse tomber, à l'inverse, s'attache sur le champ au morceau d'ambre frotté.

Cela me fait penser qu'il y a deux sortes d'électricité : la feuille d'or, repoussée par le verre rendu électrique par frottement, est attirée par l'ambre que l'on rend électrique de la même manière.

J'appellerai l'une l'électricité vitrée, l'autre l'électricité résineuse ».

Au-delà de la naïveté des conclusions du physicien quant au phénomène observé, on peut constater qu'il a mis en lumière ce que l'on appelle l'électrisation d'un corps, qui est en fait un transfert d'électrons.

Il fallut attendre la fin du XIXe pour que le phénomène observé par Charles de Cistenay Dufay fût interprété de façon plus rigoureuse, sous le nom de piézo-électricité. Ce sont les frères Pierre et Jacques Curie (famille illustre) qui définirent la piézo-électricité en 1880 :

« La piézo-électricité est un phénomène propre à certains cristaux ou céramiques, marqué par des charges électriques qui apparaissent à la surface de ces matériaux quand ils sont soumis à une pression ».

La première application pratique de ce qui n'était alors qu'une curiosité de laboratoire fut mise au point par Paul Langevin pendant la guerre de 1914-1918 pour fabriquer un sonar destiné à créer des ultrasons qui, réfléchis sur la coque des sous-marins ennemis, permettait de localiser ceux-ci en faisant naître des effets piézo-électriques alternatifs.

Bien d'autres applications de la piézo-électricité se développèrent au XXe siècle dans le domaine des télécommunications principalement, générateurs d'ultrasons, têtes de lecture des tourne-disques, allume-gaz, haut-parleurs... Cela dépasse le cadre de ce livre sur l'ambre.

Mais pour en revenir à l'ambre, on ne peut s'empêcher de constater cette troublante propriété : quand on le frotte (avec un chiffon de laine doux de préférence) il se transforme alors en aimant capable d'attirer à lui et de fixer à son contact les objets les plus légers, une plume, une brindille de paille, un petit morceau de papier...

Cette propriété de l'ambre fait mieux comprendre deux utilisations que nous évoquons dans les deux chapitres à venir.

Le pouvoir magnétique de l'ambre

Dans mon ouvrage « Les aimants, clés du bien-être » j'ai longuement développé les vertus de la magnétothérapie, en particulier, à la fin du livre, dans un index thérapeutique concernant 120 affections pouvant être soignées grâce aux aimants.

Or nous l'avons dit, l'ambre possède des propriétés magnétiques qui ont toujours fasciné les hommes, en ce qu'il est capable d'attirer des objets de très faible poids, certes, comme les plumes, mais c'est un fait que l'on ne peut réfuter.

Il est incontestable que l'ambre a un pouvoir magnétique, même si le flux induit par cette résine fossile est d'une intensité faible.

En conséquence, pour votre information quant au magnétisme, je vais résumer ici sommairement les 250 pages de mon livre sur les aimants.

Tout ce que je vais écrire dans ce chapitre de façon concise, qui concerne les aimants, concerne aussi l'ambre, à un degré moindre, mais si l'on considère la masse pondérale infiniment faible des oligo-éléments c'est un peu la même chose : ce n'est pas la quantité de matière qui compte, avec les *oligo-éléments* (*éléments trace* en grec) mais leur seule présence indispensable dans l'organisme humain, même à l'état de trace.

De la même façon, ce n'est pas l'intensité du flux magnétique de l'ambre qui compte mais le fait que l'ambre puisse être considéré comme un *micro-aimant*. Voici donc un résumé de mon ouvrage :

Nous souffrons de carence magnétique

La vie contemporaine enferme l'homme dans un carcan de béton et d'acier. Nous subissons de plein fouet, physiologiquement, les conséquences de notre *emprisonnement* dans les immeubles, les automobiles, les trains ou les avions... autant de lieux qui font écran à l'harmonieuse propagation du champ magnétique terrestre.

Le professeur Nakagawa appelle cela le syndrome de carence magnétique, lequel entraîne nombre de troubles pathologiques :

- Mal au dos, lumbago chronique
- Raideur des articulations : hanches, genoux...
- Migraines tenaces
- Perturbations du transit intestinal
- Troubles nerveux
- Instabilité émotionnelle
- Stress
- Insomnie
- Fléchissement de la libido

On peut réellement parler d'un mal-être général. Heureusement, il est possible de compenser cette carence magnétique en portant sur soi des aimants qui ont la propriété de faire circuler l'énergie.

Les aimants sont les clés d'un bien-être retrouvé. Et ils ont d'autres indications, dont celles, ô combien précieuses, de soulager la douleur, de contribuer à l'amincissement ou de permettre le sevrage tabagique.

Le champ magnétique terrestre

La planète terre est un astre qui, tel un aimant, induit un champ magnétique, certes de faible puissance, (environ 0,2 Gauss) mais qui a pourtant une incidence considérable sur l'organisme. Ce champ magnétique terrestre part du pôle Nord pour rejoindre le pôle Sud, selon une courbe en ellipse. Son impact sur les hommes varie sensiblement selon deux paramètres :

L'alternance de la chaleur et du froid (et aussi de l'humidité et de la sécheresse) marquant les saisons (printemps, été, automne, hiver) pendant lesquelles notre comportement change, ainsi que la nature de nos affections. L'alternance du jour et de la nuit, dont notre physiologie est étroitement dépendante.

Nous sommes tous soumis aux influences telluriques (= qui nous viennent de la terre) et cosmiques (= qui nous viennent du soleil) selon une chronobiologie propre à chaque individu.

Certains thérapeutes, nommés chronobiologistes, interprètent les dysfonctionnements de l'organisme (et les maladies) par un manque de respect vis-à-vis des grandes lois de la nature.

Ainsi, pour prendre un exemple très simple (et bien connu) qui nous ramène à l'influence du champ magnétique terrestre, il est essentiel, pour bien dormir, d'orienter son lit de façon à avoir la tête au Nord et les pieds au Sud, ce qui nous met dans le sens de circulation du flux magnétique terrestre. Dormir en sens inverse (tête au Sud, pieds au Nord) revient à nous mettre en sens inverse du champ magnétique terrestre, ce qui entraîne inévitablement des perturbations.

Les anciens ne s'y trompaient pas, qui étaient munis d'une boussole lorsqu'ils voyageaient afin de réorienter leur lit en fonction des indications données par leur instrument.

Qu'est-ce qu'un aimant ?

Un aimant est un corps qui a le pouvoir d'attirer le fer. Une roche est douée de cette propriété à l'état naturel, la magnétite. Elle provient de la décomposition du magma issu de la croûte terrestre, présente en quantité dans la zone sub-polaire arctique : Groenland, Sibérie, Norvège.

La magnétite est un oxyde de fer (Fe3O4) de couleur métallique. Ses cristaux sont des octaèdres à symétrie cubique. Sa densité est voisine de 5. Elle a un fort pouvoir attractif sur différents métaux attirés par elle : fer, nickel, cobalt, chrome.

On appelle magnétisme cette capacité, et les corps qui en sont dotés sont nommés aimants, lesquels sont utilisés à des fins thérapeutiques, depuis l'Antiquité, surtout pour soulager la douleur. Cette science multi-millénaire est appelée magnétothérapie.

La magnétothérapie contemporaine n'utilise pas de la simple magnétite mais des alliages ayant une puissance magnétique considérable, et une action durable, ce qui permet de les qualifier d'aimants permanents. Les principaux composants de ces aimants sont l'yttrium, le cobalt, le samarium, le baryum, le strontium, le césium.

Ce sont les travaux de grands scientifiques (dont certains ont obtenu le Prix Nobel) qui ont permis de faire évoluer la recherche sur le magnétisme, au XXe siècle : Pierre et Marie Curie, Paul Langevin, Pierre Weiss et Louis Néel...

Le magnétisme humain

C'est un médecin allemand, Antoine Mesmer, né en 1734, qui fut le grand théoricien du magnétisme humain. Sa thèse de médecine soutenue devant la faculté de Vienne eut pour sujet "De l'influence des astres et des planètes sur la guérison des maladies."

Dans sa thèse, Mesmer explique que le soleil, la lune et les planètes agissent sur les êtres vivants au moyen d'un fluide subtil de nature magnétique. Mesmer utilise des aimants. Il écrit à ce sujet à toutes les Académies de médecine européennes pour leur faire part d'une guérison remarquable obtenue grâce à ses aimants, celle du Directeur de l'Académie des sciences de Munich, nommé Osterwald, qui était paralysé et remarcha normalement grâce aux aimants.

Méconnu dans son pays, Mesmer vint s'installer à Paris, où il ouvrit un cabinet place Vendôme. Et là, il se mit à soigner les malades avec la seule imposition de ses mains, partant du principe qu'il possédait en lui un pouvoir qui le rendait capable de restituer le magnétisme terrestre qu'il concentrait.

Il publia en 1779 un mémoire qui constitue la « bible » du magnétisme humain, document auquel se réfèrent aujourd'hui encore les magnétiseurs du monde entier. Sans renier les pouvoirs des magnétiseurs (soyons humbles devant leur art qui soulage tant de gens et permet, par exemple de faire passer une verrue rebelle à toute autre thérapeutique en une seule séance) l'action des aimants est supérieure, si l'on considère l'intensité du champ magnétique induit par eux, comparée à celle, plus faible, se dégageant des mains d'un homme

La parenté Acupuncture – Magnétothérapie

C'est fondamental : la santé repose sur une bonne circulation de l'énergie, au sein de l'organisme, selon douze méridiens qui sont directement reliés à un organe. Ces méridiens sont les vecteurs du magnétisme à travers le corps, les supports de notre vitalité profonde.

Toute perturbation (tout blocage) au niveau d'un de ces méridiens entraîne un état pathologique, une maladie chronique ou aiguë. Toute régulation, sur le trajet d'un méridien, visant à rétablir l'équilibre énergétique, permet de recouvrer la santé.

C'est l'acupuncture qui permet d'agir positivement sur le trajet des méridiens, la pose des aiguilles entraînant le déblocage des tensions qui freinent la propagation bénéfique de l'énergie. Et il y a une analogie entre l'acupuncture et la magnétothérapie, dans le sens où aiguilles et aimants ont la même fonction. Or au sujet de l'acupuncture, plus personne, aujourd'hui, ne peut contredire ses bienfaits, tant cette médecine alternative est efficace dans bien des circonstances. Les aimants lenticulaires et les magnets peuvent utilement remplacer les aiguilles de l'acupuncteur.

Indications des aimants en rhumatologie

L'action anti-inflammatoire et antalgique des aimants explique leurs multiples indications en rhumatologie :

- Arthrose de la hanche (coxarthrose).
- Arthrose du genou (gonarthrose).
- Arthrose cervicale.
- Polyarthrite chronique rhumatoïde.
- Spondylarthrite ankylosante.
- Arthrites.
- Lombalgies chroniques.
- Lumbago aigu.
- Névralgie cervico-brachiale.
- Névralgie crurale d'origine discale.
- Torticolis.
- Bursite.
- Tendinites.
- Epicondylite.
- Goutte.
- Maladie de Dupuytren.
- Vascularites
- Sciatique
- Hernie discale.
- Entorses.
- Myalgies.
- Dorsalgies.

> Les aimants permettent une amélioration rapide et durable de ces affections. Pour une meilleure efficacité on peut conjuguer deux actions : action locale des aimants lenticulaires et des magnets, action générale des bracelets, colliers et pendentifs.

Vous trouverez dans votre magasin de diététique :

Des aimants de petite taille, pastilles magnétiques à poser à même la peau au moyen de disques adhésifs, produisant un flux magnétique de 2 500 Gauss.

Des aimants carrés, plus puissants et plus volumineux, produisant un flux de 3 800 Gauss, nommés magnets, qui se fixent avec des bandes Velcros.

Des pendentifs magnétiques qui sont encore plus puissants, puisque chaque pendentif est doté d'un aimant inducteur d'un flux de 12 500 Gauss.

Des bracelets, des colliers et des ceintures qui sont tous munis d'aimants destinés à une action locale.

Des semelles magnétiques dotées de plusieurs aimants disposés selon les points d'acupuncture de la voûte plantaire correspondant aux fonctions à dynamiser.

Des boucles d'oreilles magnétiques destinées à stimuler les points d'acupuncture localisés au niveau des oreilles, correspondant aux différents organes du corps humain, selon la cartographie de l'auriculothérapie.

Des filtres magnétiques destinés à magnétiser l'eau et qui doivent être posés directement sur les bouteilles.

Bienfaits de l'ionisation négative produite par l'ambre

L'ionisation produite par l'ambre lors d'un frottement (piézoélectricité), d'intensité aussi faible soit-elle, doit être prise en considération.

C'est la même problématique que j'ai évoquée en préambule au chapitre précédent considérant l'ambre comme un *micro-aimant* : à l'instar de la dose pondérale infinitésimale des oligo-éléments, leur trace seule suffit, dans l'organisme, pour avoir des effets bénéfiques ; c'est leur absence qui induit des carences.

Or cette ionisation, cela a été maintes fois observé, est négative.

Oui, par frottement, l'ambre produit des ions négatifs... comme les lampes en cristal de sel (non par frottement, elles, mais lorsqu'elles sont allumées, la chaleur dégagée par l'ampoule permettant de produire cette ionisation négative au sein de la masse de sel).

Porter un bijou d'ambre sur soi induit donc, par frottement, une ionisation négative comparable à celle que dégage dans notre environnement une lampe en cristal de sel.

Et pour vous informer sur les bienfaits de ces ions négatifs, comme je viens de le faire au chapitre précédent résumant mon livre sur les aimants en quelques pages (en rapport avec la comparaison ambre-aimants) je vais résumer sommairement dans ce chapitre mon ouvrage « Les lampes en cristal de sel, vitamines de l'air » afin de vous donner envie de le lire, ce qui vous convaincra, je l'espère sincèrement, de conjuguer les vertus du port d'un collier d'ambre et du rayonnement d'une lampe en cristal de sel. Voici donc un court résumé de cet ouvrage :

Les ions positifs & les ions négatifs

L'air que nous respirons est constitué de molécules elles-mêmes formées d'atomes dits « neutres » lorsque la charge électrique des protons de leur noyau est égale à la charge électrique des électrons qui gravitent autour. Mais dans la nature les atomes sont instables et ont tendance à gagner ou à perdre un électron facilement, l'atome devenant alors un ion, dont il faut distinguer :

Les cations, atomes ayant perdu un électron : le nombre de protons du noyau étant devenu supérieur au nombre d'électrons, l'atome est un ion positif.

Les anions, atomes ayant gagné un électron : le nombre de protons du noyau étant devenu inférieur au nombre d'électrons, l'atome est un ion négatif.

Sans entrer dans les détails de la chimie, et pour nous en tenir à la qualité ou à la nocivité de l'atmosphère, c'est la proportion réciproque des ions positifs et négatifs se trouvant dans l'air qui détermine si celui-ci est pollué ou au contraire bénéfique à la santé. Pour simplifier :

Un excès d'ions positifs dans l'air que nous respirons à l'intérieur de notre maison induit des troubles :

- Migraines
- Fatigue physique et nerveuse
- Stress, dépression
- Insomnie, perte de mémoire
- Allergies, asthme
- Douleurs rhumatismales
- Immunodépression
- Vieillissement accéléré
- Fléchissement de la libido

Un enrichissement significatif de l'air domestique en ions négatifs avec des lampes en cristal de sel entraîne une véritable RÉGÉNÉRATION de l'organisme en profondeur, source de puissante REVITALISATION au sens propre du terme « donnant une nouvelle vie ».

Alors qu'un excès d'ions positifs provoque un *mal-être* général, l'apport d'ions négatifs, grâce aux lampes en cristal de sel, restitue un réel *bien-être*.

Attention, danger !

Une équipe de scientifiques de l'Université Autrichienne de Salzbourg a montré que les vents chargés d'ions positifs comme le fœhn en Autriche, ou le chinook dans les Rocheuses, avaient une influence directe et néfaste sur le comportement humain, provoquant nervosité, irritabilité, dépression, suicides et même meurtres.

Une étude sur les données épidémiologiques de la pollution par le brouillard urbain saturé en ions positifs révèle que dans l'agglomération la plus polluée du monde, Mexico, simplement respirer revient à fumer deux paquets de cigarettes par jour.

Ainsi, 100 000 personnes meurent par an dans cette seule ville de problèmes pulmonaires liés à la pollution. Le *fog* tua 4000 Londoniens en sept jours pendant l'hiver 1952 ! Or il est reconnu, pour reprendre l'expression du géobiologiste Rémi Florian, que : « L'air que nous respirons dans nos maisons est plus pollué que l'air extérieur ». En cause :

- La poussière (visible dans un rai de lumière)
- Les moisissures et spores (wc, cuisine, s. de b.)
- Les acariens
- Les sécrétions et poils d'animaux
- Surtout les composés organiques volatils :

- Le benzène provenant de la combustion du tabac.
- Les hydrocarbures polycycliques du chauffage.
- Les aldéhydes des particules de bois et des isolants.
- Le toluène des peintures et matériaux de décoration.
- Le trichloréthylène présent dans les détachants.
- L'éthylbenzène présent dans les solvants.
- Les cétones présentes dans les colles.
- Les composés chlorés émis par les frigos.
- Les isocyanates présents dans les plastiques.
- Les terpènes présents dans les désodorisants.
- Le formaldéhyde des plastiques, vernis, moquettes.
- Les gaz propulseurs des aérosols.

Pour *gommer* les méfaits de ces polluants domestiques, il y a un moyen naturel de régénérer l'atmosphère avec une ionisation négative grâce à plusieurs lampes en cristal de sel disposées dans toute la maison.

Dans la nature…

Les orages sont producteurs d'ionisation négative intense. Nous avons tous remarqué combien nous respirons mieux après un orage, l'air étant « léger » et pur, grâce aux ions négatifs qui nous entourent. Avant l'orage nous étouffons, l'atmosphère est lourde, irrespirable, car les ions positifs règnent en maîtres. Après l'orage *nous revivons*, grâce aux ions négatifs.

Les cascades produisent de grandes quantités d'ions négatifs qui se dispersent dans l'atmosphère environnante. La proximité d'une cascade fait beaucoup de bien à l'organisme, physiquement, nerveusement.

Les vagues dispersent également de grandes quantités d'ions négatifs autour d'elles, selon le flux et le reflux de l'eau sur la plage ou mieux, contre les rochers qui accentuent la dispersion des particules.

Les forêts produisent une ionisation négative à cause de l'action triboélectrique du vent sur les feuilles. Par frottement, des ions négatifs sont émis. Ce phénomène est sensible dans les forêts de conifères, les aiguilles de pin, de sapin ou d'épicéa se prêtant idéalement à la triboélectricité. Marcher dans une forêt de sapins fait beaucoup de bien, au corps et à l'esprit.

Les lampes en cristal de sel reproduisent chez soi, toutes proportions gardées, la sensation éprouvée au bord d'une cascade ou lors d'une promenade dans la nature, en forêt ou sur une plage.

Physiologie

Les ions négatifs émis par les lampes en cristal de sel agissent directement sur les voies respiratoires.

Pénétrant facilement dans le sang, via les alvéoles pulmonaires, ils favorisent l'osmose cellulaire, tout en rechargeant électriquement les particules en suspension dans le plasma sanguin. Le sang ainsi purifié stimule les métabolismes au niveau des cellules ainsi qu'à ceux des tissus et des organes. L'ionisation négative est une réelle purification.

Vu cette action, on comprend les effets bénéfiques ubiquitaires sur toutes les fonctions vitales :

- Circulatoire
- Respiratoire
- Digestive
- Hormonale
- Cérébrale

L'ionisation négative produite par les lampes en cristal de sel stimule l'ensemble de l'organisme. On n'imagine pas le bonheur que l'on ressent la 1re fois que l'on branche sa 1re lampe. On ne l'imagine pas pour une bonne raison : c'est inimaginable.

Un sel précieux

Les lampes en cristal de sel sont en sel « gemme », sel de mer datant de l'ère secondaire qui commença il y a 245 millions d'années avec le trias, pour continuer avec le lias et le jurassique et se terminer il y a environ 65 millions d'années à la fin du crétacé.

A cette époque, les océans recouvraient la majeure partie de notre planète, le reste étant constitué de forêts luxuriantes à cause du climat très chaud et humide.

C'est le *fameux* temps des dinosaures, brontosaures, ichtyosaures, iguanodons et autres diplodocus.

Les zones où les paléontologues retrouvent ces fossiles permettent de dessiner les contours des littoraux océaniques d'alors. Pour prendre l'exemple de notre pays, les seules terres émergées étaient situées aux emplacements actuels de la Bretagne et du Massif Central. Les 3/4 de la France actuelle étaient une mer !

Le sel gemme, à l'inverse du sel marin *actuel* récolté dans les marais salants est donc du sel marin *fossile* datant de l'ère secondaire.

En considérant une lampe en cristal de sel, cela nous inspire un profond respect d'imaginer que ce sel a ainsi traversé les temps, gardant en mémoire l'énergie tellurique concentrée pendant des millions d'années.

Et il faut dire que le mot *gemme* signifie *précieux*. En joaillerie, les *gemmes* sont les *pierres précieuses* : diamant, émeraude, saphir, rubis.

Le sel *gemme* est donc un sel *précieux*. Un bijou, peut-on dire. Un objet de valeur. Les lampes en cristal de sel ont effectivement une très grande valeur, ceci à un double point de vue, esthétique et thérapeutique.

Ces lampes enchantent la décoration de la maison mais ce n'est pas tout : elles ont une action physiologique sur l'organisme humain grâce à l'ionisation négative qu'elles diffusent dans l'atmosphère des pièces où elles sont disposées et dans lesquelles nous respirons mieux.

Le port d'un collier d'ambre dans le cadre d'un régime amincissant

Aux Etats Unis, les naturopathes *New Age* conseillent le port d'un collier d'ambre pendant toute la durée d'un régime amincissant.

Pour la naturopathie *New Age*, en grande partie fondée sur l'utilisation thérapeutique de pierres (minéraux) l'ambre stimule les émonctoires (les intestins, les reins, le foie, la peau) ce qui permet le drainage et l'élimination des déchets et toxines qui sont accumulés dans l'organisme, source d'excès pondéral, d'obésité, de cellulite. Nous avons longuement abordé ce sujet dans le chapitre « Ambre et purification ».

Il est incontestable que si l'on stimule le transit intestinal, l'excrétion urinaire et la transpiration, on élimine mieux, donc on perd du poids.

Cette action dépurative spécifique de l'ambre a donc une application évidente dans l'amincissement, et les naturopathes *New Age* américains ont raison de conseiller le port d'un collier d'ambre en ce cas précis.

Cette prescription originale est d'ailleurs en grande partie la raison expliquant le succès phénoménal des colliers d'ambre aux USA. Enormément de femmes américaines qui veulent maigrir (principalement elles) portent un collier d'ambre.

Je me devais de signaler cette indication dans ce livre sur l'ambre. Mais permettez-moi d'ajouter qu'en aucun cas, à mon avis, il suffit de porter un collier d'ambre pour maigrir. Ce serait trop facile !

Je vais donc vous donner ci-dessous un certain nombre de conseils élémentaires sur l'amincissement, conseils à suivre autant que possible simultanément au port d'un collier d'ambre.

 # Les corps gras, « pires » ennemis de votre ligne

Les corps gras sont de deux origines : animale (beurre, fromage, graisse de la viande et de la charcuterie) ou végétale (huile et lipides des fruits oléagineux comme les noix ou les amandes).

Ce sont les « pires » ennemis de votre ligne et vous devez contrôler de façon rigoureuse les apports quotidiens en lipides de votre alimentation si vous voulez vraiment maigrir, faisant attention aux graisses cachées.

En effet, s'il est facile d'identifier l'huile et le beurre comme étant des corps gras dont il faut maîtriser la consommation pour retrouver la ligne, il est plus difficile de prendre conscience qu'il y a 1/3 de lipides dans un banal morceau d'emmenthal et 2/3 dans une simple noix.

Quand nous mangeons 100 g de fromage c'est comme si nous mangions 33 g de beurre et quand nous consommons 100 g de noisettes ou d'amandes cela revient à avaler 66 g d'huile !

La valeur calorique des corps gras est considérable : entre 700 et 900 cal/100 g pour la mayonnaise, la margarine, le beurre, le saindoux et l'huile, plus de 600 pour tous les fruits oléagineux.

Leur valeur nutritive, elle, dépend de leurs composants appelés acides gras. Sans entrer dans les détails (qui dépassent le cadre de ce livret) les corps gras d'origine animale contiennent en majorité des acides gras saturés nocifs à la santé.

A l'inverse, ceux d'origine végétale sont riches en acides gras insaturés jouant un double rôle bénéfique : le support des vitamines liposolubles (A, D, E et K) et l'émulsion des macromolécules lipo-protéiques circulant dans le plasma sanguin (cholestérol et triglycérides).

A tout prendre, il vaut mieux privilégier (dans la ration lipidique quotidienne intégrée à un régime) les huiles végétales par rapport aux graisses animales qui sont à proscrire dans la mesure du possible.

Mieux vaut les amandes que les rillettes ! Mais si l'on veut vraiment maigrir, il faut se passer des deux, cela va de soi.

D'autre part il faut fuir comme la peste les corps gras hydrogénés (margarines) car l'hydrogénation consiste à saturer le corps gras (avec de l'hydrogène) pour élever sa température de fusion et permettre ainsi sa cuisson à haute température.

D'ailleurs, d'une façon générale, les corps gras ne doivent pas être chauffés car ils se décomposent à une certaine température (dite *critique*) en formant un produit toxique indigeste, l'acroléine.

Les acides gras apportés par les lipides de nos aliments sont absorbés par notre muqueuse intestinale et ont deux destinations : soit ils sont utilisés directement par l'organisme pour produire de l'énergie (au même titre que les glucides), soit ils sont stockés, mis en réserve dans les cellules adipocytes formant le tissu graisseux.

La perte de poids suppose la diminution de ce stock graisseux, donc un déficit lipidique de la ration alimentaire obligeant l'organisme à puiser dans ses réserves.

Et s'il faut choisir un corps gras, un seul ?

L'huile d'olive a une excellente réputation auprès des nutritionnistes quand on évoque le corps gras idéal dans le cadre d'un régime alimentaire. L'engouement pour le régime crétois, véritable *star* des magazines, semble justifié. Les Crétois n'ont pourtant pas le monopole de l'huile d'olive : ce sont tous les pays méditerranéens qui en font leur lipide alimentaire, aussi bien crue, pour les assaisonnements, que cuite, pour la cuisine. Et ceci depuis l'Antiquité.

L'olivier est un arbre mythique associé, avec la vigne et le blé, aux fondements de l'humanité dans les civilisations s'étant développées sur le pourtour du bassin méditerranéen, aussi bien chez les egyptiens que chez les Chaldéens, les Phéniciens ou les Phocéens... jusqu'aux Grecs et aux Romains. L'huile d'olive, très tôt, fut l'objet d'un actif commerce bien au-delà des rives de la Méditerranée, transportée, sur terre ou sur mer, dans de vastes amphores dont les vestiges archéologiques restituent l'émouvante présence.

L'huile d'olive est riche en acide oléique, acide gras mono-insaturé qui a la propriété d'abaisser le taux sanguin de *mauvais* cholestérol (en rendant les lipoprotéines LDL insensibles à l'oxydation) ce qui permet une meilleure épuration du sang en facilitant la captation du *bon* cholestérol HDL par les récepteurs des membranes cellulaires.

D'autre part l'huile d'olive contient en quantité importante de la pro-vitamine A et de la vitamine E formant un ensemble anti-oxydant précieux. S'il faut choisir un seul corps gras, c'est donc bien l'huile d'olive, en donnant la préférence à une huile vierge, de première pression à froid, non raffinée, obtenue sans aucune manipulation chimique, sans aucune trituration industrielle, sans aucun additif.

A l'inverse, il faut rejeter les margarines qui sont des produits de substitution du beurre, fabriquées avec de l'huile de coprah, obtenue à partir de la noix de coco et de l'huile de palme, obtenue à partir du fruit du palmier. A ces deux composants de base sont ajoutés : de l'eau, du sel, du sucre, de la lécithine de soja (qui sert d'émulsifiant), du diacétyle, des conservateurs.

Le problème c'est que les huiles de coprah et de palme sont liquides, et que pour obtenir une margarine solide, se substituant ainsi au beurre pour les utilisations de celui-ci (à tartiner ou pour la cuisson) on doit hydrogéner leurs acides gras de coprah et de palme, ce qui accentue leur saturation. La tendance actuelle est donc de fabriquer des margarines avec des huiles de maïs et de tournesol qui contiennent, elles, des acides gras poly-insaturés, et sont donc meilleures.

Certaines margarines sont allégées. Elles contiennent plus d'eau, moins de corps gras. Si vous êtes tentés par la margarine, lisez bien les étiquettes choisissez celles de la nouvelle génération à base de tournesol plutôt que les anciennes (coprah-palme) et si possible allégées en matières grasses. Mais faites attention. Certaines ne doivent pas être chauffées (pas de cuisson) et ne peuvent être que tartinées.

Pour en finir avec cette évocation des corps gras, si vous voulez maigrir, supprimez toutes les sauces sans exception.

Leur énumération se suffit à elle-même, leur nom seul étant un repoussoir à tout régime amincissant : mayonnaise, béchamel, hollandaise, suprême, bordelaise, périgourdine, béarnaise, mornay, gribiche, rouille, aïoli...

 # Les sucres, autres ennemis de votre ligne

Les glucides sont appelés sucres. Leur composition chimique est une combinaison d'hydrogène, d'oxygène et de carbone. On les appelle donc également hydrates de carbone. On en distingue deux sortes :

- Les sucres simples, dits sucres rapides à cause de la rapidité de leur absorption, comprenant les monosaccharides, dont les principaux sont le glucose et le fructose et les disaccharides, dont le principal est le sucre de canne ou de betterave, souvent appelé saccharose, qui se fragmente pendant la digestion en une molécule de glucose et une molécule de fructose.

- Les sucres composés, dits sucres lents à cause de leur absorption lente, encore appelés polysaccharides, dont le principal est l'amidon que l'on trouve dans les céréales et donc le pain, les pâtes.

Seuls les sucres simples sont assimilés directement par l'organisme (d'où leur surnom de *rapides*). Les sucres composés, eux, avant leur assimilation, doivent être transformés en sucres simples dans le tube digestif. Cette digestion-fragmentation se fait successivement dans la bouche (sous l'action de la ptyaline), puis dans l'estomac, le duodénum et enfin l'intestin.

Les sucres simples, au terme de ce métabolisme, franchissent la muqueuse de l'intestin. Transportés par le sang jusqu'au foie, le glucose et le fructose se transforment en glycogène.

Le glycogène constitue la principale source d'énergie indispensable au fonctionnement des cellules d'une part, à l'activité du corps d'autre part, en particulier aux muscles dont la mobilisation exige de l'énergie.

Si nous manquons de sucre, notre organisme a la capacité de tirer l'énergie dont il a besoin pour fonctionner dans la combustion des graisses qu'il a en réserve dans les cellules où elles sont stockées (les adipocytes). La clé de l'amincissement est là : priver l'organisme de sucres afin que celui-ci puise dans les réserves de graisses la source de son énergie (cellulaire et fonctionnelle).

Voilà pourquoi tous les régimes amincissants préconisent en premier lieu la réduction drastique de la consommation de glucides voire, pour certains même, la suppression totale, ce qui est une erreur car le manque de glucides a des inconvénients : la perte de tonus musculaire, la fatigue physique, le manque de résistance, l'inaptitude à l'effort.

Ni trop de sucre, ni trop peu.

Pour maigrir, tout est une question de dosage.

Et pour composer les différents repas pris dans le cadre d'un régime amincissant il faut absolument tenir compte des *sucres cachés*, c'est-à-dire des glucides contenus dans les aliments.

Quand vous mangez 200 g de pâtes (par exemple) c'est comme si vous mangiez 150 g de sucre !

Voilà qui fait réfléchir dans le cadre d'un régime !!!

Il ne faut jamais perdre de vue ce tableau de la teneur en glucides des aliments. Prudence.

N'oubliez pas (bis) le principe métabolique élémentaire de tout régime amincissant : en privant l'organisme de sucre celui-ci brûle les graisses qu'il a en réserve. Vous voyez ce qui vous reste à faire...

Dans tous les cas, ce sont les sucres superflus qu'il convient de supprimer dans le cadre du régime, ceux des bonbons, des confiseries de toutes sortes, des pâtisseries, des sodas, des glaces.

Les sucres d'assimilation lente sont à privilégier (en quantité modérée), principalement ceux contenus dans les céréales complètes où ils sont associés à des fibres bénéfiques, à des minéraux, à des vitamines et à des acides aminés protéiques.

 # Le régime hypocalorique

Pour maigrir, il n'y a pas de secret, pas de recette miracle. Il y a des efforts à faire, quotidiennement, inlassablement.

S'il était facile de maigrir, personne ne serait obèse. Seule la persévérance compte. Une forte motivation. Il faut se projeter dans l'avenir, visualiser son nouveau corps au terme du régime.

Pour maigrir vraiment et durablement, le mental est indissociable des autres paramètres : l'hygiène de vie et la diététique.

Il faut avoir confiance en soi et ne pas se culpabiliser si l'on fait un écart à son régime.

La détente nerveuse est fondamentale, dans cette démarche positive vers la reconquête de soi-même.

L'amincissement présuppose une relaxation, une certaine sérénité dans la réussite des objectifs que l'on se fixe initialement.

Il convient de ne pas se stresser, de dormir suffisamment

La respiration joue un rôle-clé dans l'amincissement. Les fonctions organiques sont réactivées par une saine oxygénation, jusqu'au plus profond des cellules ainsi régénérées. Le métabolisme des sucres et des graisses est stimulé par la respiration.

Il ne peut pas y avoir de véritable amincissement sans exercice physique concomitant. La sédentarité, avant même les erreurs alimentaires, induit la plupart des obésités.

Avant toute chose, pour maigrir, il faut *bouger son corps*, le remettre en mouvement.

Enfin, on ne redonnera jamais assez les conseils élémentaires d'une diététique harmonieuse.

Il faut repenser le petit-déjeuner, réduire le repas du soir, manger lentement, ne plus grignoter entre les repas...

En écrivant cela nous avons le sentiment d'enfoncer une porte ouverte. Et pourtant !!!

Le régime hypocalorique (dit : basses calories) est le régime du bon sens : si l'on mange moins, on maigrit, car l'organisme est habitué à un certain métabolisme basal (en fonction du régime alimentaire antérieur) et en réduisant l'apport calorique quotidien on provoque la mobilisation des graisses stockées dans les adipocytes.

Avec le régime basses calories il faut donc rendre l'organisme *en manque* pour l'obliger à puiser dans ses réserves, ce qui entraîne inévitablement un amaigrissement significatif, surtout si on l'accompagne d'un exercice physique minimum (la marche par exemple).

Il faut réduire l'apport calorique quotidien.

Il faut agir progressivement, c'est très important.

Toute brutalité est à exclure : on ne doit pas passer brusquement, du jour au lendemain, de 2 400 calories, par exemple, à moins de 1 000. Une grande fatigue en serait la conséquence. Epuisement physique et fatigue mentale accompagnent souvent un régime basses calories mal maîtrisé, trop brutal, pouvant conduire à la dépression nerveuse.

Quelle que soit notre activité, le fonctionnement normal de notre organisme requiert un minimum d'énergie pour assurer les fonctions vitales essentielles : la digestion, la respiration, la circulation du sang...

On appelle cette énergie indispensable au maintien en vie d'une personne le métabolisme basal. Le fonctionnement des organes, de la moindre cellule, même, nécessite une certaine énergie.

Ce métabolisme basal est en moyenne de 1 600 calories par jour.

Il est plus important chez l'homme que chez la femme, et il diminue avec l'âge. Il est proportionnel à la taille et au poids.

Le métabolisme basal d'un homme de 30 ans mesurant 1 m 90 et pesant 90 kg sera bien supérieur à celui d'une femme âgée de 70 ans, mesurant 1 m 60 et pesant 50 kg. C'est une question de bon sens.

Les besoins caloriques journaliers moyens :

Homme adulte (20 - 50 ans, pesant 70 kg)

- Sédentaire	2 400
- Activité moyenne	3 000
- Très actif physiquement	3 600

Femme adulte (20 - 50 ans, pesant 55 kg)

- Sédentaire	2 000
- Activité moyenne	2 400
- Très active physiquement	2 800

Réduction des besoins en fonction de l'âge

- De 50 à 60 ans	10 à 15 %
- De 60 à 70 ans	15 à 20 %

La valeur énergétique des aliments s'exprime en calories.

La digestion des aliments et leur dégradation métabolique (= leur combustion) dégagent un certain nombre de calories, en fonction de leur nature.

- 1 gramme de glucides produit 4 calories.
- 1 gramme de protéines produit 4 calories.
- 1 gramme de lipides produit 9 calories.

Prenons deux exemples simples :

1 cuillerée à soupe de sucre en poudre (glucide) pesant 15 g produit : 15 x 4 = 60 calories.

1 cuillerée à soupe d'huile (lipide) pesant 15 g (l'huile et le sucre ont à peu près la même densité) produira : 15 x 9 = 135 calories.

Dans tout régime alimentaire, ce paramètre (valeur énergétique spécifique de chaque groupe d'aliments) est à considérer, avant de composer un menu.

Une évidence s'impose : les corps gras doivent être limités de façon drastique, en cas d'excès pondéral important, car ce sont eux qui *pèsent* le plus dans le bilan calorique.

L'équilibre pondéral ressemble à une balance de ménage. Sur un plateau, il y a les calories que l'on puise dans son alimentation, et sur l'autre, les calories que l'on dépense, chaque jour, en fonction de son activité physique.

Tout est une question de dosage. Les calories ingérées ne doivent pas dépasser les calories brûlées, sinon l'organisme stocke des graisses en réserve. Il n'y a rien de plus logique.

Avant tout autre paramètre, la sédentarité est la première cause de la plupart des obésités.

Voilà les conseils que je pouvais vous donner si vous entreprenez de perdre du poids. Suivez-les... et portez un collier d'ambre comme le préconisent les naturopathes *New Age* américains !

Ambre et stimulation de la fonction érectile masculine

Je l'ai écrit plusieurs fois, si l'ambre a eu tant de succès depuis des millénaires, c'est en grande partie pour la réputation qui a toujours été la sienne de favoriser l'érection masculine, la vigueur. Je profite donc de cet ouvrage pour aborder ce sujet de façon aussi pédagogique que possible, en espérant que cette information vous aidera à résoudre votre problème, si c'est précisément ce qui vous préoccupe, cher lecteur.

La dysfonction érectile est l'incapacité à obtenir ou à maintenir une érection suffisante afin de permettre un rapport sexuel satisfaisant.

Cette altération de la qualité érectile concerne soit la rigidité de la verge, soit la durée de l'érection, ou les deux. Ce trouble est communément appelé impuissance. Son étiologie est multifactorielle.

Etiologie du dysfonctionnement érectile

L'impuissance (puisqu'il faut bien l'appeler par son nom *commun*) est d'origine multifactorielle. Il est habituel d'en classer les causes en deux grandes catégories : organiques ou psychiques.

Causes organiques

Tout en observant, bien évidemment, que la fréquence des dysfonctions érectiles augmente avec l'âge, nous pouvons en énumérer les principaux facteurs organiques (liste non exhaustive, il y a des *cas particuliers*) :

- Insuffisance endocrinienne

C'est la raison majeure : le ralentissement de sécrétion de testostérone entraîne une progressive impuissance, puisque l'érection est essentiellement liée à cette hormone masculine.

Voilà pourquoi les hommes voient leur capacité érectile s'infléchir, avec l'âge, selon la courbe d'infléchissement sécrétoire de testostérone.

- Insuffisance artérielle

Si les artères conduisant le sang à la verge sont en mauvais état, l'afflux sanguin est insuffisant pour assurer une érection satisfaisante.

L'hypertension, l'hypercholestérolémie, l'hypertriglycéridémie et les hyperlipidémies sont les affections qui dégradent principalement les parois artérielles et qui influent négativement sur la qualité érectile.

Le Docteur Irwin Goldstein, Directeur du « New England Male Reproductive Center » de Boston (Massachusetts, USA) écrit :

« Ce qui est bon pour les artères est bon pour le pénis. »

Les substances qui bouchent les artères, comme le cholestérol, ne choisissent pas leur cible. Elles bouchent toutes les artères, en particulier les artères du pénis. Les hommes qui ont trop de cholestérol souffrent d'un rétrécissement de la lumière artérielle du pénis, et connaissent donc des problèmes d'érection.

- Insuffisance veineuse

Si les veines chargées d'évacuer le sang des corps caverneux de la verge ont des parois insuffisamment toniques et souples pour assurer l'étanchéité des valves pendant l'érection, celle-ci en est affectée, limitée, écourtée... car il y a des *fuites* et la verge n'a ni la longueur, ni le volume, ni la rigidité convenables à un acte sexuel. Cette anomalie anatomique du retour veineux est une cause évidente d'impuissance.

- Diabète

Un grand nombre de diabètes sont diagnostiqués lors d'un examen médical de *routine* chez un généraliste lorsque, à l'interrogatoire, le patient se plaint de devenir impuissant, les autres signes étant une polydipsie (soif intense) une polyurie (besoin d'uriner anormal) et une fatigue générale, ainsi que des affections de la peau à répétition.

En effet, nous le savons, les complications majeures du diabète sont les microangiopathies oculaires (principale cause de cécité en France) et rénales (principale cause d'hémodialyses et de transplantations).

Mais les microangiopathies secondaires à un diabète ne se limitent pas aux yeux et aux reins. Les corps caverneux contiennent un chevelu de capillaires d'une densité considérable, et ces vaisseaux, dans la maladie diabétique, sont touchés au même titre que ceux de la rétine ou des glomérules des néphrons rénaux.

Le diabète induit de sévères troubles de l'érection. Le diabétique tombe en *panne* ne pouvant assurer le maintien érectile nécessaire au rapport.

- Atteintes neurologiques

Nombre d'affections neurologiques entraînent inévitablement des troubles de l'érection : sclérose en plaques, Maladie de Parkinson, traumatismes médullaires, interventions chirurgicales (chirurgie pelvienne, prostatectomie radicale, cystectomie...).

- Problème de courbure de la verge

La verge en érection n'est pas toujours bien « droite ». Un certain degré de courbure de la verge rend malgré tout possible la pénétration (on appelle cela la *courbure physiologique*).

Mais l'accentuation exagérée de cette courbure, chez nombre d'hommes d'âge *mûr*, rend la pénétration impossible. Cette pathologie est due à la formation progressive d'un tissu fibreux dans les corps caverneux qui en sont densifiés, affection dite *Maladie de la Peyronie*.

- Effets secondaires de certains médicaments

La prise de certains médicaments est une cause majeure d'impuissance. Il suffit de lire les notices à l'intérieur des boîtes.

Nombreuses sont celles qui indiquent *troubles de l'érection* comme effet secondaire, en particulier les hypnotiques (somnifères) et les anxiolytiques (tranquillisants, antidépresseurs).

Or 25 % des Français de plus de 18 ans consomment des hypnotiques de la classe pharmacologique des benzodiazépines. A l'âge de 60 ans, ce pourcentage dépasse 45% ! Les Français consomment globalement plus de 70 millions de boîtes d'hypnotiques chaque année, ce qui les place, et de très loin, au premier rang mondial de la consommation de somnifères par habitant. De plus, à l'âge de 60 ans, la majorité des personnes consommant des somnifères prend aussi des anxiolytiques.

• Effets secondaires de l'alcool et du tabac

Nous enfonçons là une porte ouverte : la consommation excessive et chronique d'alcool ainsi que le tabagisme ne donne généralement pas des résultats glorieux quant à la vigueur sexuelle.

L'alcool, certes, rend euphorique et prédispose à un *rapprochement* avec sa partenaire, mais entre le désir et la réalité (souvent bien piteuse en état d'imprégnation alcoolique)... il y a un *monde*. Quant à la nicotine, la littérature médicale fourmille d'articles indiquant la dégradation artérielle qu'elle induit. Cela nous ramène à ce que nous avons dit ci-dessus : l'insuffisance artérielle est cause d'impuissance.

Causes psychiques

Bien des hommes impuissants ne le sont pas à cause de problèmes organiques mais psychiques :

- Problèmes d'identité sexuelle
- Mésentente du couple
- Peur de ne pas être à la hauteur
- Sentiment de culpabilité
- Lassitude sexuelle progressive
- Peur de vieillir
- Stress
- Etc.

Que faire en cas d'impuissance ?

La réponse à cette question suppose avant tout de connaître la cause du problème, afin de trouver une solution adaptée. Il suffit pour cela de reprendre dans l'ordre les éléments du chapitre précédent.

Selon que l'on est concerné par tel ou tel facteur (ou plusieurs, ce qui accroît le *handicap*), on retrouvera une meilleure qualité érectile :

- En stimulant la sécrétion de testostérone par un précurseur hormonal naturel (on en trouve en *phyto*). C'est la clé de la vigueur retrouvée.

- Avec une meilleure hygiène alimentaire en cas d'hypercholestérolémie.

- En prenant des nutriments veinotoniques.

- En soignant son diabète (si l'on est diabétique).
- Avec le sevrage des antidépresseurs et des somnifères.

- En arrêtant de boire de façon excessive.
- En arrêtant impérativement de fumer.
- En se « mobilisant » pour résoudre son problème de stress.
- En se faisant aider par un psychologue si le problème est *purement* psychologique (identité sexuelle, mésentente, peur, culpabilité...).
- EN PORTANT UN COLLIER D'AMBRE.

Pour rétablir la fonction érectile les « spécialistes » (urologues, andrologues, sexologues), selon les cas et selon la gravité des problèmes, en plus des solutions ci-dessus et des prescriptions correspondantes, peuvent être amenés à conseiller, quand *tout* à vraiment échoué :

- Des injections intracaverneuses...
- Des implantations de prothèses péniennes...
- Le recours à un vacuum (érecteur à dépression)...

Cela fait froid dans le dos. Il faut aussi mentionner les *petits* comprimés bleus qui font fureur depuis quelques années.

La phytothérapie et la nutrithérapie représentent une alternative naturelle. Les hommes ont toujours recherché dans la nature les substances actives capables de stimuler leur sexualité défaillante, souvent, tout simplement, sous forme d'épices à incorporer à leur nourriture quotidienne.

Et depuis la nuit des temps… le collier d'ambre a une réputation qui se transmet de bouche à oreille, de génération en génération, sur tous les continents : il favorise l'érection masculine.

On peut y croire ou ne pas y croire. Mais qu'est-ce que cela coûte d'essayer ? Certains parlent d'effet placebo. Et alors ? Si tant et tant d'hommes ont retrouvé leur vigueur sexuelle en portant un collier d'ambre, et ceci depuis l'Antiquité, pourquoi faudrait-il en douter ?

Les vertus de la couleur ambrée en chromothérapie

Il existe une couleur ambrée. Si l'on considère que ce mot qualifie la couleur de l'ambre qui est traditionnellement nommé ambre *jaune* (alors que la concrétion de cachalot utilisée en parfumerie est l'ambre *gris*), cette couleur ambrée est donc une nuance de la couleur jaune.

Mais il faut bien avouer que ce jaune-là est infiniment plus « riche » que la simple couleur jaune, nous voulons dire un jaune *ordinaire*. La couleur ambrée, elle, par bien des aspects, est *extraordinaire*.

D'ailleurs, si l'on a la curiosité d'aller voir dans un moteur de recherche, sur Internet, à quels produits est rattachée la couleur ambrée, on se rend vite compte que cette couleur ambrée est utilisée pour valoriser un produit, quel qu'il soit (et nous en énumérons certains ci-dessous).

Dès qu'un producteur ou un fabricant veut donner une valeur ajoutée à son produit tirant de près ou de loin sur une nuance de jaune, il dit que ce produit a une couleur ambrée. C'est la part de rêve du produit pour le consommateur car, c'est une réalité, l'ambre fait rêver.

Voici une liste (non exhaustive) de produits alimentaires pouvant être de couleur ambrée (on remarquera qu'il y a beaucoup d'alcools) :

- Bière
- Cognac
- Armagnac
- Rhum
- Xérès
- Porto
- Madère
- Calvados
- Tequila
- Pineau
- Sauternes
- Vinaigre balsamique
- Moutarde
- Sucre de canne
- Miel
- Confiture
- Huile
- Pâtisserie
- Caviar (je vous assure, je n'invente rien, il s'agit d'un caviar haut de gamme, qui, à l'origine, est de couleur noire tirant sur le gris anthracite… et bien le fabricant va plus loin encore en écrivant que son caviar est de couleur ambrée !)

Pour prendre l'exemple du sucre de canne, lorsque la société qui le distribue écrit sur son emballage qu'il a une couleur ambrée, il introduit une notion supplémentaire au seul adjectif de « roux ».

Sucre « roux », c'est bien, sucre de canne « ambré », c'est mieux. En versant un tel sucre dans son café, on ferme les yeux, on s'imagine sur une plage, au soleil des Antilles, ce sont les vacances, le paradis…

Voilà en quoi la couleur ambrée donne une valeur ajoutée au produit.

Dans la littérature, pour valoriser le sujet dont il parle, l'auteur n'hésite pas, non plus, à introduire la part de rêve attachée à la couleur ambrée. Ainsi par exemple :

- Tel loup du Caucase a l'iris des yeux ambré
- Telle fille, une créole, a la peau ambrée
- Telle maison de Provence est construite en pierres ambrées

Dans ces trois exemples, on retrouve bien la part de mystère restituée à nos sens par la couleur chatoyante et solaire d'un collier d'ambre, d'un bracelet, ou d'un arbre *feng shui.*

C'est à dessein que j'ai écrit *solaire* en ce que dans la couleur ambrée le soleil est présent, le feu du ciel qui éclaire notre chemin, au sens propre et au sens figuré. Complexité de l'ambre, émerveillement.

Je n'ai jamais regardé un loup les yeux dans les yeux, mais quand je lis que ce loup-là a *l'iris des yeux ambré*, je mesure que ce n'est pas un loup comme les autres, et cela captive davantage encore mon imagination.

C'est le propre de l'ambre de réveiller notre imaginaire…

Pour la fille dont il s'agit plus haut, en écrivant que sa peau est ambrée, l'auteur ne souhaite pas autre chose, stimuler notre imagination, voir cette créole plus belle encore qu'elle n'est.

Et quand une femme voulant acheter un fond de teint ou une teinture pour les cheveux voit écrit *couleur ambrée* cela participe de la même démarche. Encore et encore, l'ambre fait rêver.

La couleur ambrée est donc une nuance « riche » du jaune.

Riche de rouge, de brun, d'orange…

Plusieurs fois, dans cet ouvrage, je mets l'accent sur les analogies entre les lampes en cristal de sel et l'ambre, or les passerelles que je mets entre ces deux objets chers à mon cœur sont évidentes si on considère la couleur de ces lampes et de l'ambre, couleur tirant sur l'orange.

Une fois n'est pas coutume, permettez-moi de citer ici un long passage du chapitre de mon livre *Les lampes en cristal de sel, vitamines de l'air* tant ce que j'ai écrit sur la couleur des lampes en cristal de sel est parfaitement transposable, mot à mot, pour la couleur de l'ambre :

« Les lampes en cristal de sel, de par la douce lumière colorée qu'elles diffusent, créent une ambiance à nulle autre semblable dans toutes les pièces où elles sont disposées. Ambiance apaisante, reposante, relaxante. Ambiance chaleureuse. L'indéfinissable lumière orangée des lampes en cristal de sel nous inspire le calme, la paix, la quiétude, la sagesse, la sérénité, la douceur, la sécurité…

La première fois que je me suis trouvé à proximité d'une lampe en cristal de sel, un poème de Baudelaire s'imposa à moi comme une évidence : *Là, tout n'est qu'ordre et beauté, luxe, calme et volupté.*

Je ne savais rien des vertus de cette lampe. Personne ne m'en avait jamais parlé. Mais je frissonnai en la contemplant. Une émotion forte, au premier degré. C'est sa beauté qui s'imposa à moi en premier. Sa forme esthétique, toute en rondeurs, telle que la nature l'avait sculptée. Une œuvre d'art. Je n'arrivai pas à définir la nature lumineuse de cette lampe encore inconnue de moi, à travers ce sel à la fois translucide, cristallin, diaphane, brillant et chatoyant.

Le sel gemme des lampes n'a pas une couleur uniforme. Il est veiné, marbré, moucheté, rubané… selon les *caprices* de la nature, et c'est ce qui fait son charme. Quant à ses nuances orangées, elles dépendent de la couleur dominante, soit jaune, soit rouge.

Les lampes en cristal de sel ont une couleur ambrée, safranée, dorée, soufrée tirant sur la capucine, le corail, le cinabre, la brique, la garance.

Une telle richesse explique notre émotion sensuelle à la simple contemplation de ces lampes. La chromothérapie et la géobiologie sont indissociables et je vais énoncer les principales vertus de la couleur orange. Il y a un consensus, à ce sujet, parmi les chromothérapeutes.

L'orange est une couleur chaude, intime. Elle évoque le soleil, le feu, la chaleur, la lumière. Elle favorise la détente, la relaxation, et développe la réflexion, la concentration, l'introspection.

Elle crée une ambiance accueillante, conviviale, rassurante. »

A l'époque où j'ai écrit mon livre sur les lampes en cristal de sel, il y a quatre ans déjà, je ne savais pas que j'écrirais un jour cet ouvrage sur l'ambre. Or nous pouvons constater que la première nuance évoquée par moi, alors, pour qualifier la couleur des lampes, fut le mot « ambrée » précédant dans mon énumération les mots « safranée, dorée, soufrée, tirant sur la capucine, le corail, le cinabre, la brique, la garance ».

La boucle est bouclée : des lampes en cristal de sel à l'ambre, même couleur, même magie opérant dans notre environnement pour les unes, au contact de notre peau pour les autres.

La couleur ambrée, en chromothérapie, est associée à l'excellence :

- Elle libère les émotions.
- Elle favorise l'estime de soi.
- Elle accroît la capacité à pardonner.
- Elle stimule la circulation de l'énergie.
- Elle équilibre le système nerveux.

- Elle combat la dépression.
- Elle favorise le sommeil.
- Elle ravive la bonne humeur.
- Elle nous rend :
  - Positif
  - Optimiste
  - Confiant
  - Serein
  - Sûr de soi

Autant de bonnes raisons, nous le voyons, pour porter un collier d'ambre ou un bracelet d'ambre, sans négliger de disposer ça et là dans sa maison un arbre *feng shui* à l'ambre bénéfique.

Si vous partez sur une île déserte…

Si vous partez sur une île déserte et ne devez emporter avec vous qu'une seule chose, ce sera… un flacon d'huile d'ambre.

De l'huile d'ambre ? Oui, de l'huile dans laquelle on a fait macérer un morceau d'ambre pendant 28 jours (un cycle lunaire).

C'est ainsi que faisaient les anciens, pour lesquels cette huile était véritablement considérée comme une panacée.

Je prendrai seulement trois exemples :

- Pour guérir des morsures de serpents, les Crétois se servaient d'huile d'ambre, également réputée cicatriser les blessures.

- Avant de partir au combat, les Vikings se badigeonnaient le torse avec de l'huile d'ambre réputée stimuler leurs forces.

- L'onction sacrée des rois mérovingiens contenait de l'huile d'ambre réputée les protéger.

Ne souriez pas à la lecture de ces pratiques qui paraissent aujourd'hui bien naïves.

Et avant de partir sur île déserte, faites macérer un morceau d'ambre dans l'huile, et celle-ci sera précieuse dans bien des cas :

- Piqûres d'insectes
- Piqûres de plantes
- Coups de soleil
- Contusions
- Ecorchures
- Ecchymoses
- Ampoules
- Boutons
- Maux de gorge
- Rhumes
- Allergies
- Douleurs articulaires
- Douleurs musculaires

L'ambre gris

Attention : l'ambre dont il sera question dans ce chapitre, l'ambre *gris*, d'origine animale (sécrétion intestinale de cachalot) n'est pas celui dont ce livre est le sujet, l'ambre *jaune* qui est, lui, d'origine végétale (résine fossile de l'ère tertiaire). Mais il importait de consacrer au moins un chapitre à cet ambre-là, dont la destination est unique (la fabrication des parfums) car on en parle aussi sans savoir vraiment ce dont il s'agit.

Ainsi donc l'ambre gris est une sécrétion intestinale de cachalot.

Pour se représenter ce qu'est une sécrétion animale, et bien que cela n'ait strictement rien à voir, il suffit de faire la comparaison, chez l'homme, avec les calculs, sortes de petits *cailloux* qui peuvent obstruer les voies biliaires (freinant le fonctionnement de la vésicule) ou les voies urinaires (contrariant l'excrétion de l'urine).

L'ambre gris est produit par le cachalot à « grosse tête », *Physeter macrocephalus*, ainsi nommé car sa tête mesure le tiers de sa longueur totale, qui est très importante puisque ce cachalot peut mesurer jusqu'à 25 mètres pour le mâle et 15 mètres pour la femelle.

Les plus gros de ces cachalots peuvent peser plus de 100 tonnes (bien lire : cent). Ce sont les plus gros des cétacés, de véritables monstres marins, colosses surpuissants capables d'atteindre des profondeurs vertigineuses, 1500 mètres, et d'y rester pendant une heure !

Ces cachalots macrocéphales vivent en troupeaux et bien que vivant en eau tempérée, ils s'aventurent jusqu'aux confins des mers froides de l'Arctique. Ils peuvent vivre 40 ans. Leur chasse est interdite depuis 1986 (théoriquement) car il convient absolument de les protéger.

L'ambre gris est donc une sorte de *calcul* intestinal de ce cachalot, sans qu'on sache exactement dans quelles circonstances la masse d'ambre se constitue, avec le temps, dans l'intestin de l'animal.

On suppose que la matière qui entre dans la composition de ce calcul est en rapport avec les sécrétions internes du cachalot pour protéger la muqueuse de son tube digestif contre les agressions des calamars qu'il ingurgite à longueur de temps (sa principale nourriture).

Plusieurs fois pendant sa longue existence, le cachalot excrète ce que l'on appelle un « rognon » : un bloc d'ambre gris sous forme de boulette dont le volume est variable, les plus gros tenant encore dans la main.

Les *rognons* d'ambre gris flottent alors à la surface de l'eau, car cette matière organique est plus légère que l'eau. C'est une masse brune qui a un peu l'aspect de la pierre ponce.

Certains rognons dérivent plusieurs années à la surface de l'océan, et ils perdent peu à peu leur couleur brune pour blanchir. Les rognons les plus recherchés sont les rognons de plus de dix ans d'âge, presque blancs.

La mer rejette régulièrement les blocs d'ambre gris sur le rivage des côtes africaines de l'Océan Indien, de Madagascar, de la Réunion, ainsi que sur le littoral Pacifique de la Nouvelle Calédonie.

Ou bien ce sont les pêcheurs qui trouvent un bloc dans leur filet.

Bien avant que ne soient fabriqués des parfums avec l'ambre gris, cette matière à l'odeur animale échouée sur les plages faisait fantasmer les hommes, excitait leur imagination.

Dans les *Mille et Une Nuits*, Sindbad, le marin, raconte : « Une île au milieu de l'océan. L'ambre jaillit d'une fontaine, s'écoule jusqu'à la mer pour nourrir des monstres venus des profondeurs ».

Avicenne, le célèbre médecin arabe ayant vécu au temps de l'an 1000 (980-1037) reprend cette évocation quand il parle de « l'ambre provenant d'une fontaine sous-marine ».

Les Chinois ont une autre version puisqu'il est écrit dans l'œuvre de Tchou Tchoufei, il y a plus de mille ans : « Des dragons sortent de la mer, s'allongent sur les rochers et salivent. Leur salive flotte sur l'eau, durcit, et les pêcheurs la recueillent dans leurs filets ».

Au XVIIe siècle, ce qui n'est pas si loin de nous, l'ambre gris gardait encore tout son mystère alors qu'on connaissait parfaitement l'ambre jaune à cette époque, fructueuse source d'activité pour les artisans ambriers des rivages de la Baltique.

On disait de l'ambre gris, à Versailles, sous Louis XIV que c'était :

- Un champignon de mer
- Du sperme de baleine
- Des déjections d'oiseaux de mer

Depuis toujours, les hommes sont fascinés par cette matière odorante, car c'est là sa principale propriété, son odeur particulière, forte, une aubaine pour les parfumeurs.

S'il fallait définir l'odeur de l'ambre gris on dirait qu'elle est :

- Puissante
- Chaude
- Animale
- Musquée
- A la fois proche de celle des chevaux et du tabac

Le prix d'un bloc d'ambre gris est très élevé, du fait de sa rareté et de l'intérêt des parfumeurs pour cette matière exceptionnelle.

On récolte entre 100 et 500 kilos d'ambre gris par an dans le monde, son prix étant d'environ 15 000 euros le kg.

L'ambre gris est commercialisé par des courtiers spécialisés qui le proposent aux « nez » des grands parfumeurs.

Les créateurs de parfums ont un problème : compte tenu du caractère volatil des parfums, ils doivent « fixer » les composants de ces parfums afin qu'ils ne s'évaporent pas immédiatement au contact de la peau.

Ils utilisent pour cela des *fixateurs*, et l'ambre gris en est un, des meilleurs, des plus puissants, des plus marqués sur le plan olfactif.

Malheureusement, son coût très élevé en limite l'emploi, et les nez qui créent les parfums font le plus souvent appel à des fixateurs de synthèse à moindre coût.

Il y a heureusement des exceptions… qui confirment la règle.

Le plus célèbre des parfums dans lequel figure aujourd'hui l'ambre gris est incontestablement *Eau* de Rochas. Dans *Eau* de Rochas, la concentration en ambre gris est inconnue (secret de fabrication) mais vraisemblablement inférieure à 0,5%, parmi les… 250 composants de ce parfum (on imagine mal la complexité d'un parfum).

Et encore, ces 0,5% ne sont pas un extrait d'ambre pur mais une solution alcoolique d'ambre, les choses se passant de la façon suivante, chez les parfumeurs :

- Le bloc d'ambre est concassé manuellement, au pilon. Cette opération est minutieuse, vu le coût de l'ambre, et aucune *miette* ne doit être perdue.

- Les petits morceaux d'ambre sont alors réduits en fine poudre.

- La poudre d'ambre est alors diluée dans l'alcool à 96° (l'ambre est soluble dans l'alcool). La concentration est de 40 grammes de poudre d'ambre pour 1 litre d'alcool.

On a alors une *solution alcoolique d'ambre*.

Avant de l'incorporer aux autres composants pour former le « jus » du parfum, cette solution alcoolique est conservée pendant 18 mois dans des récipients plats appelés « valseuses » car pendant ces 18 mois, jour et nuit, la solution alcoolique est agitée ! Cette agitation est une lente oxygénation de la matière liquide.

Pour en revenir à *Eau*, les besoins annuels de Rochas sont de 20 kg d'ambre gris. Et si on considère que la solution alcoolique est conservée pendant 18 mois dans les valseuses, il convient d'avoir toujours un stock d'ambre suffisant en réserve, pratiquement 40 kg. Cela représente une immobilisation d'argent considérable au prix de l'ambre, et on comprend le prix élevé des parfums de luxe, les parfums ordinaires n'ayant pas ces problèmes puisqu'utilisant des fixateurs de synthèse bon marché.

On a identifié l'élément de l'ambre gris qui a ce pouvoir olfactif unique. Il s'agit d'une molécule, le dihydro-ionone, représentant 3% de la masse. L'autre élément spécifique est l'ambréine.

Quand on analyse un *jus* de parfum contenant de l'ambre gris (avec un chromatographe en phase gazeuse et un spectromètre de masse) afin de mesurer l'ordre dans lequel s'évaporent les composés de ce jus, on constate que le dihydro-ionone est le composé le moins volatil, celui qui s'évapore le moins vite, à l'opposé des éléments de « tête » du jus.

Les plus célèbres parfums dans lesquels entrent l'ambre gris sont :

- *Mitsouko* de Guerlain
- *Eau* de Rochas
- *Arpège* de Lanvin
- *Clandestine* de Laroche
- *Shocking* de Schiaparelli
- *Cananga* de Berger
- *Or black* de Morabito

Pour donner une idée de l'attachement des femmes à ces parfums d'exception, *Mitsouko* a été créé par la Maison Guerlain en 1919.

Oui, on fêtera prochainement le centenaire de *Mitsouko* !

Bibliographie

👁 **Geirnaert** Eric
L'Ambre, miel de fortune et mémoire de vie
Les Editions du Piat

👁 **Krzeminska** Ewa et **Krzeminski** Wieslaw
Les fantômes de l'ambre
Editions du Musée d'histoire naturelle de Neuchâtel

👁 **Wichard** Wilfried
Dans la forêt d'ambre
Editions Gerstenberg

👁 **Geoffroy** Patrick
La Route de l'ambre
Editions Le Félin

👁 **Grimaldi** D.
Amber, window to the past
Editions Natural History Museum

👁 **Weitschat** Wolfgang et **Wichard** Wilfried
Atlas of plants and animals in Baltic Amber
Editions Ambericawest

👁 **Ross** Andrew
Amber, the natural time capsule
Editions Natural History Museum

👁 **Poinar** George
The quest for life in amber
Editions Publishers weekly

👁 **Corsetti** Giovanni
L'ambra, origine, caratteristiche, trattamenti, imitazioni
Editions Gemmarum

👁 **Pontin** Christian et **Celi** Monica
Ambra, scrigno del tempo
Editions Cierre

Table des matières

Jean-Paul JACQUEMET

LES LAMPES EN CRISTAL DE SEL

VITAMINES DE L'AIR

Format 150 x 210 ; 210 pages ; illustré.

L'air que nous respirons au quotidien dans notre maison est doublement pollué : par les poussières domestiques, les acariens, les poils d'animaux... et par les appareils électriques (four à micro-ondes, télévision, ordinateurs, consoles de jeux).

Cet air confiné et vicié est constitué d'ions positifs néfastes pour l'organisme. Il s'ensuit un mal-être aux multiples conséquences : fatigue générale, allergies, insomnies, douleurs, stress, vieillissement accéléré...

Les lampes en cristal de sel permettent de neutraliser ces ions nocifs car elles dispersent autour d'elles une ionisation négative bénéfique à la santé. Les ions négatifs produits par les lampes en cristal de sel sont comparables à ceux qui se dégagent des embruns maritimes, des cascades, des torrents, des forêts. Ils agissent au plus profond des cellules, des tissus et des organes, pour une régénération source de revitalisation.

Le sel gemme de ces lampes dépolluantes, formé il y a plus de 200 millions d'années, disperse dans notre environnement une douce lumière orange apaisante et calmante.

Préfacé par une personnalité attachante du monde sportif proche de la nature, Nathalie SIMON, ce livre passionnant est destiné à informer le grand public sur un sujet original et inédit prôné par les adeptes du Feng-Shui, toujours plus nombreux.

Jean-Paul JACQUEMET, pionnier des médecines alternatives, se bat pour la promotion de tout ce qui peut améliorer notre bien-être "naturellement". Les lampes en cristal de sel font partie de cet arsenal thérapeutique, au tout premier rang.

Jean-Paul JACQUEMET

LES AIMANTS CLÉS DU BIEN-ÊTRE

MAGNÉTOTHÉRAPIE -
INDEX DE 120 AFFECTIONS

Format 150 x 210 ; 210 pages ; illustré.

Notre planète Terre peut être considérée comme un volumineux aimant qui induit un champ magnétique selon une ellipse qui part du pôle Nord pour rejoindre le pôle Sud et auquel l'organisme humain est sensible. Ainsi, pour mieux dormir, il est conseillé d'orienter son lit pour avoir la tête au Nord et les pieds au Sud.

Malheureusement, notre environnement actuel perturbe la propagation de ce champ magnétique bénéfique à la santé.

Il s'ensuit une carence en magnétisme naturel source de troubles pathologiques : migraines, insomnie, rhumatismes, problèmes circulatoires, dépression, stress ...

Heureusement, il est possible de combler cette carence magnétique en portant sur soi des aimants qui ont la propriété de faire circuler l'énergie en nous.

Vous apprendrez ainsi comment le port d'aimants redonne du tonus, freine le vieillissement, soulage les rhumatismes, améliore la mémoire, facilite le sommeil, combat le stress, surmonte la dépression, réveille la vigueur sexuelle ....

Et bien d'autres indications encore : les aimants, atouts de la beauté, aident à maigrir et permettent de se libérer du tabac. Ce ne sont que des exemples pris dans l'index de 120 affections relevant de la magnétothérapie que contient le livre.

Oui, les aimants sont bien les « Clés du bien-être » comme il est dit dans le sous-titre de cet ouvrage qui est d'ores et déjà une référence dans le domaine des médecines alternatives à raison qualifiées de « douces ».

Dans la continuité de son premier livre « Les Lampes en Cristal de Sel » loué par la profession et qui connaît un si vif succès, Jean-Paul JACQUEMET, dans son style à vocation pédagogique, nous donne vraiment envie de découvrir ces précieux aimants.

Jean-Paul JACQUEMET

LE BRACELET DE CUIVRE

Découvrez pourquoi des dizaines de millions d'hommes et de femmes dans le monde portent ce fabuleux bijou bénéfique

Format 150 x 210 ; 210 pages ; illustré.

Voici le livre de référence sur le bracelet de cuivre que tout le monde attendait, et il était logique que ce soit le pionnier Français de cette saga, Jean-Paul JACQUEMET, qui l'écrive, transmettant ainsi au grand public tout son savoir en ce domaine, fondé sur trente ans d'expérience.

Vous découvrirez dans cet ouvrage passionnant l'intimité charnelle alliant l'histoire de l'humanité et le cuivre, depuis plusieurs milliers d'années, les forgerons du Chalcolithique, maîtrisant à la fois le feu et la matière, fabriquant déjà des bracelets de cuivre, nous en avons la preuve.

Il est vrai que nous avons 10 000 milliards de raisons de porter un bracelet de cuivre (nombre approximatif de cellules que comprend le corps humain). En effet, le cuivre est ubiquitaire, présent dans le noyau, les mitochondries et le cytoplasme de chaque cellule. Et la carence en cuivre induit fatigue générale, rhumatismes, anémie, dépression... Or grâce au bracelet, le cuivre pénètre à travers la peau et diffuse dans l'ensemble de l'organisme. C'est l'intérêt de l'absorption transdermique.

Les travaux scientifiques du Docteur W.R. WALKER et du Professeur J.R. SORENSON, dans les années 70, en Australie et aux Etats-Unis, ont expérimentalement prouvé les effets thérapeutiques bénéfiques du bracelet de cuivre, en particulier comme ANTI-INFLAMMATOIRE, dans le traitement des RHUMATISMES, la douleur étant soulagée.

Chapitre après chapitre, vous comprendrez pourquoi le bracelet de cuivre est indiqué, par exemple, dans le si fréquent syndrome du canal carpien qui touche le poignet de tant de personnes, ou l'épicondylite qui affecte le coude de nombre de sportifs, tennismen ou golfeurs (et bien d'autres tendinites encore, propres à la traumatologie sportive).

Mais aussi les problèmes relevant des autres vertus du bracelet de cuivre anti-infectieux, anti-anémique, immunostimulant, anti-âge...

Des dizaines de millions d' hommes et de femmes, dans le monde, portent un bracelet de cuivre, et ce livre explique clairement pourquoi.

Pierre JACQUEMET

L'ENTRETIEN PHYSIQUE AU 3ÈME ÂGE

Format 155 x 240 ; 150 pages ; illustré.

La première partie de ce triptyque s'adresse essentiellement au 3ème âge (70 ans et plus), elle apporte, au travers d'exercices faits chez soi, un moyen de lutter contre les entraves progressives qui guettent quiconque avance en âge.

Le deuxième volet s'adresse aux retraités (autrement appelés seniors : 60 ans et au-delà). Il traite des bienfaits de la natation à cette période de la vie et donne une série de conseils pour améliorer la qualité des différentes nages, ainsi que pour choisir un style ; il souligne à cette occasion l'intérêt de l'usage des palmes.

Le troisième volet (toujours pour les seniors mais aussi pour le 3ème âge) aborde ce que la vogue actuelle appelle «l'aquagym». Il conseille différents exercices susceptibles, dans l'eau, de contribuer à prévenir ou atténuer l'importance des hypotonies musculaires et des raideurs articulaires progressivement invalidantes.

L'auteur, qui a déjà vécu la période «senior» et une bonne partie de la suivante, a mis en pratique pour lui-même les exercices qu'il préconise ; il s'adresse ici directement aux lecteurs intéressés, dans un langage accessible à tous et animé d'un désir de persuasion apparaissant au travers des nombreux commentaires et explications qui émaillent les exposés des mouvements.

Pierre d'ARZON

INITIATION À LA PRATIQUE DU PENDULE

L'ART ET LA MANIÈRE EN RADIESTHÉSIE

Format 150 x 210 ; 204 pages ; illustré.

Voilà le livre sur la **radiesthésie** que tout le monde attendait, des **débutants** voulant apprendre le maniement du pendule aux **initiés** souhaitant *refaire leurs gammes* à l'instar des musiciens, fussent-ils virtuoses, qui doivent chaque jour se réapproprier les subtilités de leur instrument pour mieux jouer en concert.

La 1e partie est vouée aux **pendules** afin d'orienter son choix en fonction de la diversité des formes, des matières, des fonctionnalités réceptrices ou émettrices, avec ou sans témoin, en extérieur ou à l'intérieur ... Le sujet du **question-nement**, si essentiel, est abordé de façon claire, simple, ainsi que les facteurs d'échec, la rémanence, l'évanescence, le manque de neutralité ou de concentration, sans oublier le risque de l'**autosuggestion** capable de *polluer* le travail de tout radiesthésiste.

La 2e partie concerne les **exercices** d'apprentissage et les **tests** d'entraînement, la 3e les applications pratiques majeures de cette activité originale : la **recherche** d'un objet disparu, d'une personne, mais aussi l'utilisation du pendule en géobiologie, en Feng Shui, en radiesthésie médicale. Dans une 4e partie présentée sous forme de **fiches pratiques**, plus de **cinquante pendules** sont présentés avec leur photo et leurs caractéristiques : utilisation, catégorie, matière, forme, poids, destination.

Pierre d'Arzon a réussi le challenge qu'il s'était fixé : permettre à ceux qui viennent d'acheter leur premier pendule de faire leurs premiers pas en radiesthésie, et donner aux radiesthésistes confirmés un cadre pédagogique leur permettant de se ressourcer afin de perfectionner toujours davantage leur ***art*** à nul autre semblable.

Pour tous renseignements complémentaires concernant :

- Le collier en ambre véritable
- Le bracelet en ambre véritable
- L'arbre du bonheur en ambre véritable

- Les lampes en cristal de sel

- Les bracelets de cuivre
- Le drap de cuivre
- Le patch de cuivre

- Les bracelets aux 3 métaux
- Les bracelets bio magnétiques
- Les colliers aux 6 aimants
- Les magnets anti-douleur
- Le filtre à eau magnétique

Ecrivez à :

L'INSTITUT EUROPEEN DE RECHERCHE EN LITHOTHERAPIE ET MEDECINES DOUCES

1777, avenue Joseph Gasquet - 83100 TOULON

Dépôt légal octobre 2005

L'impression de cet ouvrage a été réalisée par
ACTIS

Pour le compte des éditions Déliver
Groupe DELTA LIP SARL
2, imp. Docteur Blanchard – 83100 TOULON
tél. 04 94 61 74 30

Achevé d'imprimer en octobre 2005